Priez pour ceux qui restent à terre…

Fernand Leborgne
Avec Mathilde Jounot

Priez pour ceux qui restent à terre…

Éditions des Équateurs

Courriel : editionsdesequateurs@wanadoo.fr
Site Internet : www.equateurs.fr

À Fernand-Valéry, mon dernier fils.

Et à tous ceux qui m'ont accompagné, qu'ils se retrouvent dans ces pages et sachent combien je continue de naviguer avec eux.

Saint-Malo, un 5 janvier au matin.

Dans les effluves de gasoil et de goudrons tiédis, les marins passent la coupée du Grande-Hermine. *Ils posent encore une fois leur sac de mer dans les cabines où l'on a gardé les cirés roulés et ficelés comme de simples ballots. Ils partent pour plusieurs mois, le temps d'une campagne au cabillaud en mer de Norvège. Un peu plus loin, quelques femmes attendent sur le quai et puis aussi des hommes, ceux qui autrefois naviguaient.*

Les voitures s'arrêtent, s'attardent encore, puis repartent vite.

Aux écluses, seuls le cri des mouettes, le glissement du bateau dans l'eau silencieuse. Devant le môle des Noires, un dernier salut aux cornes du navire. L'appel a traversé les bassins.

« Priez pour les marins qui restent à terre ; ceux qui sont en mer, ils se démerdent. »

Fernand Leborgne, l'armateur, se tient sur le quai. Dans le milieu maritime, il a gagné le titre de « don », celui que l'on donne aux plus grands capitaines. Ses paroles n'ont été qu'un murmure. C'est sa façon à lui de saluer son bateau. On dit qu'il est le dernier capitaine armateur à la Grande Pêche française, l'héritier d'un métier et d'une tradition vieille de cinq siècles. On dit qu'il est le seul à avoir su la défendre, que lorsqu'il partira, personne ne saura le remplacer.

Quelques années plus tard, il a bien voulu me raconter son histoire.

M. J.

1

Il y a des pays où c'est comme ça, avant de naître, on sait déjà où vous irez.

1931, Fécamp.

Je viens de Fécamp. Je suis né le 6 février 1931 dans le plus grand port morutier de France. Les mères parlaient ainsi de leurs fils : « Mon aîné a bien réussi, il est banquier et l'autre est caissier. »

L'un était sur les bancs de Terre-Neuve, l'autre fabriquait des caisses pour la morue. Il y a des pays où c'est comme ça, avant de naître on sait déjà où vous irez.

Mon père était ébéniste et ma mère filetière, c'est-à-dire qu'elle découpait des filets de harengs saurs. Je n'ai pas connu mon grand-père paternel mort à la guerre en 1917, quant au père de ma mère, Valerio Vidal, né en Italie, il émigra à Fécamp. Il était marin et, à la fin de sa vie, il devint gardien sur les voiliers, les grands terre-neuvas. Autour de moi, mes oncles, mes cousins, comme presque tout le monde, naviguaient. Fécamp, terre de mer au pied du cap Fagnet, c'était d'abord un port. Les hommes racontaient le grand banc, les brumes, la mer. Terre-Neuve, l'île lointaine au large de la côte atlantique de l'Amérique du Nord représentait un eldorado de terres glacées. Les *terrae baccallaos*, les terres de l'or blanc.

Les hommes parlaient de leurs voyages. Et les femmes, à l'approche du vendredi, chaque semaine renouvelaient le même rituel. Elles prenaient l'escalier qui montait au grenier. Taillaient un bon morceau dans la morue salée que l'on avait mise à sécher. Puis elles le mettaient à baigner dans une eau douce et fraîche, la retournant parfois pour voir si elle avait retrouvé son opulence et sa blancheur. Mais, lorsque les enfants faisaient la grimace devant leur assiette, les femmes se fâchaient. Ce poisson-là, c'est la tête haute qu'il nous fallait le manger.

De maison en maison, on disait que cette épopée de la route de l'or blanc remontait au XVe siècle. Du temps où les Basques, puis les Bretons et les Normands à la recherche de nouvelles zones de pêche s'aventurèrent tout au bout de la mer. Ils auraient bien aimé garder leur secret. Mais les marchands, à la poursuite du passage du nord-ouest de la route des Indes, découvrirent également l'étonnante richesse en poisson des eaux de l'Atlantique-Nord.

À la suite de ces pionniers, toutes les nations d'Europe armèrent alors pour Terre-Neuve. Partout où il y avait des marins, on construisit des navires. Les investisseurs misaient sur ce poisson à la chair si convoitée et bâtirent d'immenses empires financiers. On parla même d'aristocratie de la morue.

Au XVIIIe siècle, plus de quatre-vingt-dix ports français se lancèrent dans l'aventure de Terre-Neuve. Bordeaux, Nantes, La Rochelle et Marseille s'orientèrent plus spécialement vers le déchargement et le négoce. D'autres, comme Bayonne, Dieppe et les Sables-d'Olonne virent au XIXe siècle leur activité diminuer. Mais, jusqu'à la Première Guerre mondiale, la France gardait la première place sur les bancs. Des centaines de voiliers appareillaient encore de Dieppe, de Saint-Brieuc, de Saint-Malo, de Paimpol, de Cancale, de Granville ou de Dunkerque.

Fécamp, qui depuis le XVIe siècle faisait partie des grands ports morutiers français, malgré quelques campagnes en Islande, était resté fidèle à Terre-Neuve. Au début du siècle, il y avait encore plus de soixante-dix grands voiliers à partir de mars à novembre pour les bancs. Mais les sous-marins allemands de la Première Guerre mondiale et le développement de la vapeur eurent raison d'eux. Quelques-uns continuaient à naviguer, les autres attendaient dans un coin des bassins l'heure de la démolition.

La voile cédait peu à peu la place à la machine et la ligne au chalut. Les nouveaux chalutiers à vapeur faisaient plusieurs voyages dans l'année et permettaient des prises beaucoup plus importantes. Une ère nouvelle allait commencer.

2

> Associées aux odeurs de saumure et aux galets glissants, elles ont découragé plus d'un visiteur.

1936, Fécamp.

À Fécamp on dit que l'on grandit en sentant le port. Tous ceux qui ne travaillaient pas à la Grande Pêche étaient soit employés à la société des liqueurs Bénédictine, soit dans les établissements de confection Couturier, mais plus souvent, dans une des nombreuses entreprises de transformation du poisson : les sécheries et les boucanes.

Dans les sécheries, la morue était déshydratée puis envoyée vers les pays chauds. Les armateurs de Fécamp, de Bordeaux, de La Rochelle et de Saint-Malo possédaient de gros marchés aux Antilles françaises, à Cuba, Porto Rico, mais aussi en Afrique. Le poisson devait être séché afin qu'il résiste au climat. C'était la seule exigence des pays chauds. Les fumées des boucanes, usines de fumage du hareng, du maquereau et de l'églefin, s'étiraient sur toute la côte de Dieppe à Fécamp. Associées aux odeurs de saumure et aux galets glissants, elles avaient découragé plus d'un visiteur. Et, malgré son casino, sa digue-promenade et ses villas avec vue de mer, Fécamp attirait rarement les touristes.

Le boucanage était surveillé par les hommes qui se succédaient jours et nuits autour du feu de fagots de hêtre, puis les poissons étaient transformés en filets.

Dans une de ces usines travaillaient ma mère et deux de mes tantes. Autour d'une table de bois, le tablier de toile cirée, maculé d'huile, elles s'activaient avec une bonne dizaine de femmes jacassantes. Un coup de couteau pour la tête, un autre pour la queue. Du pouce, les filets se détachaient de l'arête centrale, puis c'était au tour de la peau. Alors que les poissons s'entassaient dans des boîtes en bois, les déchets s'amassaient dans un demi-bail. On en faisait de l'huile, de la farine, de la colle. Réputées plus habiles que les hommes, les femmes étaient payées à la pièce. En moins d'une minute, les harengs se transformaient en boîtes empilées, prêtes à être envoyées dans toute la France.

C'est dans cette fileterie, sur un tabouret perché au-dessus d'un sol gluant d'huile et de sciure, que je passais mes jeudis. Trop turbulent pour être gardé, Marthe, ma mère m'emmenait avec elle et me collait dans un coin. J'avais les poches pleines de biscuits que les femmes au couteau me distribuaient à l'heure du goûter. Une pause entre deux piles de harengs, le jacassement reprenait. Et ma mère, grande et belle femme, se tournait vers moi avec un regard silencieux, inquiète de savoir si j'avais pu entendre les propos imagés et les histoires grivoises qui circulaient autour de la table.

3

Un jour il n'est plus venu, nous avons appris qu'il était mort.

1938, Fécamp.

Entre les jeudis à l'usine et les dimanches au cimetière où l'on devait accompagner ma grand-mère chaque semaine, j'aurais bien aimé m'échapper sur le port. De mars à novembre, les grands voiliers terre-neuvas serrés les uns contre les autres avaient quitté les bassins. Mais, le long des quais bordés de cafés bruyants et de maisons de briques rouges, les dundees, petits bateaux à deux mâts, attendaient juin pour partir au hareng le long des côtes d'Écosse. D'autres s'en allaient au maquereau dans le Sud-Irlande, pour finir aux Sorlingues. Dans les chantiers navals, on construisait des bateaux de pêche, mais également des yachts. Des cargos livraient aussi à Fécamp du charbon, des bois d'Amérique et de Scandinavie, des métaux, du lin, du blé, du chanvre, du manille pour les corderies et du sel pour la morue.

Au moment de son divorce, ma mère avait quitté mon père et la maison de sa belle-famille avec deux enfants sous le bras et l'autre par la main. Sa belle-mère lui en avait fait trop voir. Elle avait préféré partir. Mais son mari, lui, était resté.

De la haute-ville, nous étions descendus vivre dans le bas Fécamp. Nous habitions rue de Mer, chez ma grand-mère maternelle, à moins de cent mètres du port. Il me suffisait de descendre la rue pour l'atteindre.

Mais ma mère ne m'aurait jamais laissé y aller seul, comme elle ne m'aurait jamais laissé seul dans la rue.

Quand nous sommes arrivés chez ma grand-mère maternelle, Amanda, je n'avais pas deux ans, et ma petite sœur quelques mois. Seule ma grande sœur savait bien marcher.

Ma grand-mère avait disposé son fauteuil près de la cheminée. Valerio, mon grand-père, lui, préférait une chaise paillée un peu à l'écart. Dans un coin du salon, trônaient deux médaillons en bois doré. Leurs portraits en jeunes mariés. Enfant, mon regard allait de l'un à l'autre, cherchant à comprendre quel était le secret de la vie qui les avait autant métamorphosés. D'une jeune fille fluette, elle était devenue une forte femme, toute ronde. Inversement, le jeune homme souriant aux épaules carrées avait semblé fondre au cours du temps. Seules ses moustaches étaient restées aussi imposantes.

Mon grand-père m'emmenait me promener avec lui. Mais comme au retour il s'arrêtait parfois au bistrot, ma grand-mère, qui nous attendait les poings sur les hanches, m'avait très vite interdit de l'accompagner. Un jour, il est tombé la tête la première au fond de la cale d'un grand voilier terre-neuvas. Il n'a pas survécu.

Veuve de Valerio Vidal, ma grand-mère est devenue impotente. Restée très autoritaire, elle faisait cependant preuve d'une grande gentillesse. Son seul défaut peut-être était celui de cacher le genièvre dans les pots à lait. Mais dans sa profession, c'était une tentation courante.

Lorsqu'elle était encore valide, à l'arrivée des barques, des cotres et des caïques qui pêchaient au large des falaises, elle venait en carriole avec les autres marchandes de poisson. Celles qui disposaient d'un emplacement le vendaient sur le marché dans de grands paniers d'osier. Les autres passaient dans les différents quartiers de la ville, en aboyant : « Il est beau, mon maquereau. » Elles prenaient l'apéritif comme les hommes et aucun d'eux ne se serait risqué à leur manquer de respect.

Quelque temps plus tard, ma mère a rencontré mon futur beau-père. Ils se sont mariés. Roger était peintre en bâtiment. Spécialiste du faux bois, il en a orné toutes les portes de notre intérieur. La maison était assez grande. Deux chambres à l'étage et une petite — celle que j'occupais —, deux pièces au rez-de-chaussée, une cuisine, un local vaisselle et un couloir. En quelques années, la famille s'est agrandie. La maison s'est remplie.

Dans nos pays, un enfant, c'était une richesse. Ma mère et mon beau-père en ont fait six. Bien plus tard, j'aurais également un petit frère, mais à cette époque, il n'était pas encore là. Sur les six, deux sont morts nés. Un autre a succombé à l'âge de neuf mois d'une méningite. Ma mère travaillait à l'usine, s'occupait des enfants et de sa mère qui ne se levait plus. Elle s'est épuisée au travail. Il fallait bien faire tourner la maison et régler les notes chez l'épicier.

En 1906, le premier chalutier à partir pour les bancs s'appelait *Augustin-Le Borgne*. C'était une jolie coïncidence. Ce bateau portait le nom du fondateur de la société des Sécheries de Fécamp. Mais surtout de l'homme qui avait donné au port sa formidable expansion. Grâce à lui, la première sécherie s'était implantée. Et Fécamp, depuis, pouvait tenir tête à Bordeaux et à La Rochelle qui avait jusqu'alors le monopole du séchage. Mais la société des Sécheries de Fécamp, fondée par Augustin et Charles Le Borgne, n'avait, hormis le nom, rien à voir avec ma famille paternelle. Elle, je ne l'ai pas beaucoup connue. Mon père n'a jamais accepté l'idée que ma mère ait demandé le divorce et il s'est toujours arrangé pour ne pas payer de pension alimentaire. Ma grand-mère paternelle, mes oncles ne nous connaissaient plus. Parfois, mon père venait nous voir à l'école. Il nous apportait des bonbons. Mais nous n'en voulions pas et il repartait seul avec ses sachets. Un jour, il n'est plus venu. Nous avons appris qu'il était mort.

4

Au début de la guerre, j'avais huit ans, j'étais encore un petit garçon.

1941, Fécamp.

La guerre est survenue et tout s'est arrêté. Un matin, la ville est devenue allemande et la population de Fécamp s'est retrouvée enfouie sous la peur et les interdictions.

Au début de la guerre, j'avais huit ans. J'étais encore un petit garçon. Mais, à dix ans, j'ai commencé à mieux comprendre. Il fallait manger.

En face de chez nous, habitait une famille avec au moins autant d'enfants que dans la nôtre. Chaque bâtisse de la rue offrait la même disposition. Et lorsque ceux d'en face ouvraient leur porte au même moment que nous, malgré la rue qui nous séparait, c'est comme si nous partagions la même entrée. Mais chez eux, ce n'était pas tout à fait pareil. Ils étaient plus bruyants que nous et ils se tenaient mal. Ils étaient aussi sales que leur maison. De l'autre côté de la rue, nous ne pouvions pas ne pas le voir. Comme nous ne pouvions pas ne pas apercevoir l'assistante sociale qui entrait chez eux régulièrement. Elle apportait des bons pour le pain, la viande, les patates.

Chez eux, c'était jour de fête. Et nous les observions du trottoir d'en face avec le ventre qui se tordait.

L'assistante sociale partait en baissant la tête et en marchant vite, sans même nous jeter un regard. De toute façon, elle n'aurait rien vu, rien compris. Nous étions bien trop propres, bien trop polis. Ma mère n'avait pas d'argent et pas beaucoup de travail. Pendant la guerre, l'usine de harengs ne fonctionnait plus. Mon beau-père était au front. Censé partir pour quelques mois, il était bloqué depuis un an et demi à Limoges. Ma mère nous élevait seule. À l'image de sa maison, elle se faisait un point d'honneur à bien nous tenir. Elle y aurait laissé sa vie. Comme elle repassait à la perfection, sa sœur qui s'occupait du linge de la Kommandantur lui apportait les chemises et c'est moi parfois qui les livrais. Mais c'était plutôt sa sœur qui touchait l'argent. Enfant, il y a des injustices qui vous marquent à jamais.

Au fil du temps, les pénuries se sont intensifiées. Les Allemands occupaient le château de Reneville, une grosse villa néogothique surplombant la mer. À travers les grilles de la cave, avec Marcelle, ma grande sœur, nous avions découvert qu'elle était pleine de pommes de terre, de jambons et de saucissons. Une des portes fermait mal, il ne fallait pas beaucoup insister pour l'ouvrir. Nous avons commencé par prendre un petit peu de pommes de terre. Puis on a pris l'habitude d'y aller. Une ou deux fois par semaine, nous passions avec des sacs de dix kilos, puis filions. Les voisins nous ont repérés. Quelques jours plus tard, ils s'en sont pris à la cave des Allemands. Ils ont tout volé. Quand nous y sommes retournés, on s'est fait tirer dessus.

À la maison j'étais chargé de faire les courses. Faire les courses, cela voulait dire trouver quelque chose à ramasser. Je partais avec une musette et retrouvais à la gare les autres enfants de Fécamp. Il y arrivait différents convois de charbon, de pommes de terre et même du cacao pour la chocolaterie de l'Épinay qui fonctionnait encore. Quelque chose tombait toujours sur la voie au cours des chargements. On remplissait au mieux notre besace et on repartait vite. Des rondins de bois étaient aussi entreposés. On en grattait l'écorce. Ce n'était pas grand-chose. Mais nous en faisions des petits ballots qui servaient à allumer la cuisinière.

À la gare s'élevait un grand entrepôt qui ne restait pas fermé. Là, s'empilaient les colis pour les soldats français prisonniers en Allemagne. On n'y allait jamais, on savait que c'était interdit. Un jour, les paquets ont disparu. On s'est retrouvés au commissariat. Nous n'y étions pour rien. Les cheminots avaient fait le coup, mais c'était plus simple de nous accuser.

Quand on ne ramassait pas les miettes, on chapardait ou l'on troquait. On payait en pommes de terre ou en d'autres denrées. Une fois par semaine, j'allais chercher à la ferme d'Argent, avec un bidon de vingt-cinq litres accroché sur mon dos, du lait pour mes petites sœurs. En revenant, je m'arrêtais devant la Kommandantur. Je baragouinais un allemand improbable et j'échangeais avec la sentinelle de garde, un pauvre père de famille qui attendait la fin de la guerre pour rentrer chez lui, un litre de lait contre une miche de pain.

Personne n'est beaucoup allé à l'école pendant ces années-là. Mais à la fin de la guerre, on parlait mieux l'allemand que l'anglais. Nous n'étions que des gosses, mais on avait des yeux pour voir. Pour voir les hommes s'attaquer aux plus faibles, aux plus démunis. Pour découvrir la cupidité et la méchanceté.

L'été 1944, nous avons été évacués avec d'autres familles nombreuses sur Attray, un village du Loiret. Nous avons été hébergés dans une grande demeure sur la place du village. Le propriétaire s'était réservé un petit appartement et nous avait laissé le reste des pièces. Il devait attendre comme nous la fin de la guerre pour retrouver sa maison. Jamais je ne l'ai entendu nous parler.

Un matin, j'ai couru la campagne pour trouver une sage-femme. Au retour, je me suis arrêté dans un verger. Ma mère a mangé trente-deux pêches de vigne avant d'accoucher de ma dernière petite sœur. La vie était plus calme et nous mangions presque à notre faim. J'ai goûté mes premiers abricots, dérobés dans le jardin du garde champêtre. Les poulets attrapés en fraude dans la basse-cour voisine sont devenus notre plat préféré. Je découvrais la campagne, les moissons. J'ai appris à couper les foins, à faire les bottes. À conduire un attelage à trois chevaux, l'un derrière l'autre. Pour les fermiers, nous constituions une main-d'œuvre bon marché, et j'aurais bien aimé y faire les vendanges. On disait que là, on commençait vraiment à s'amuser. Mais à la fin de l'été, la guerre était finie. Nous avons retrouvé Fécamp.

5

Fécamp n'allait plus être pour moi qu'un port d'escale.

1944, Fécamp.

Après avoir quitté le Loiret, j'avais treize ans, mais je ne voulais pas retourner à l'école. Malgré l'interdiction maternelle, j'avais fini par réussir à descendre sur le port. Deux amis, André Cordonnier et René Neveu, m'accompagnaient.

René était né le même jour que moi. Il habitait également rue de Mer. André, dans la rue à côté. Notre grand jeu était d'emprunter un doris et de traverser le bassin Freycinet à la rame. Nous amarrions le canot et disparaissions vite, nous réjouissant à chaque fois d'entendre sur l'autre quai le propriétaire hurler en agitant les bras. S'il voulait récupérer son bien, il n'avait plus qu'à faire comme nous.

Notre terrain de jeu était assez limité. Seul l'avant-port était accessible, le reste, comme la mer et les plages alentour, était miné. Mais, quelques bons marins s'y aventuraient quand même. Ainsi commencèrent mes premières véritables aventures de navigation. Malgré les mines, mon oncle André Vidal, le frère de ma mère, continuait de pêcher. Il me prenait de bon matin sur le chemin de l'école et m'emmenait avec lui en doris. Assis tout au fond du canot pour ne pas tomber à l'eau, ce colosse, les épaules à l'étroit dans son éternelle vareuse cachou, me parlait de Terre-Neuve. Des marins qui sont des hommes. Toute sa vie, il avait navigué sur les voiliers. Le regard perdu au loin sous la visière de sa casquette, il brûlait d'impatience d'y retourner. Pendant la guerre, les voiliers étaient restés au fond du bassin et les chalutiers, devenus patrouilleurs ou dragueurs de mines, avaient tous été réquisitionnés par la Marine nationale. Quelques-uns n'avaient pas répondu à la mobilisation et continuaient à naviguer dans les eaux africaines ou islandaises. Personne n'avait beaucoup de nouvelles d'eux. On apprenait parfois qu'ils s'étaient fait torpiller. Mais tout le monde à Fécamp enviait leur liberté.

Mes sorties en doris se sont arrêtées là. J'ai été trahi par mes chaussures devenues blanches à cause du sel de l'eau de mer. Ce n'était pas sur les bancs de la classe — les rares fois où l'on nous donnait des cours dans les sécheries désaffectées — que j'avais pu les mettre dans cet état. Je ne pouvais pas continuer à mentir. Je voulais être marin. Et personne ne m'en dissuaderait.

En septembre 1944, je suis entré à l'école des mousses, rue Georges-Cuvier à Fécamp. J'y suis resté jusqu'en mai 1945. Nous suivions les cours sur un grand tableau noir. Pour les élèves qui se destinaient à être mécaniciens, la formation durait deux ans. Pour ceux qui choisissaient le pont, une année suffisait. Nous apprenions les rudiments de la navigation, mais aussi à faire les nœuds, à comprendre le phénomène des marées, à ramender, c'est-à-dire à réparer les filets de pêche. Puis on embarquait chacun notre tour sur un petit voilier avec un capitaine à la retraite. Nous tirions des bords dans le port entre les quais dévastés par la guerre.

Le 24 mai 1945, j'ai enfin embarqué sur le *Mousse*, un grand cotre blanc équipé d'un moteur auxiliaire de douze chevaux. Mais nous traînions nos lignes à la voile, le gasoil restant encore rationné. Mon premier patron était un très bon marin, un homme de soixante ans, professeur de technique à l'école des mousses. Je découvrais le métier de pêcheur. Départ chaque matin vers cinq heures, retour dans l'après-midi, vers seize heures.

Trois mois jour pour jour après mon premier embarquement sur ce cotre, le 24 août 1945, je partais comme mousse pour Terre-Neuve.

Devant les cartes, j'avais longuement rêvé. La queue sud, l'accore du Grand Banc, le banquereau, l'île de sable, tous ces lieux dont m'avait parlé mon oncle à bord de son doris résonnaient dans ma tête. Les lettres du Grand Banc étaient toujours placées de la même façon et constituaient même des repères géographiques pour les marins. Et comme ces pionniers à la recherche de l'or blanc, je me voyais déjà entre le « D » et le « B » des cartes marines. Fécamp n'allait plus être pour moi qu'un port d'escale.

6

Je faisais mes courses du côté des Amériques.

24 août 1945, « Joseph-Duhamel ».

Le jour du grand départ alors que les sirènes retentissaient et que j'étais sur le point d'embarquer, deux ou trois chalutiers, crachant leur fumée noire, se trouvaient prêts à appareiller. Je partais sur le *Joseph-Duhamel*, le premier chalutier à revenir d'Angleterre après la Libération. Avec ses deux bandes rouges sur la cheminée sous lesquelles était peinte une croix de guerre, le *Joseph-Duhamel*, de l'armement Duhamel, était un bateau de soixante-huit mètres de long et de dix de large. Récupéré par les Anglais en 1941, il avait, avec son capitaine André Lecœur, continué de pêcher en mer d'Islande sous pavillon de la France Libre et affronté à diverses occasions la Marine allemande.

En 1945, une grande partie de la flotte de pêche française était détruite. Des douze beaux chalutiers d'avant-guerre de Fécamp, il n'en restait plus que six. Les autres avaient été coulés. Mais l'océan s'ouvrait à nouveau et les besoins en nourriture étaient considérables. Tous les marins voulaient prendre la mer au plus vite.

L'équipage sur le pont guettait encore quelques regards. Certains agitaient leur casquette vers le bout de la jetée où se pressaient les familles. Mais personne sur les quais ne levait de main vers moi, car nous appareillions du Havre où les bateaux étaient venus se ravitailler. Ce 24 août au matin, ma mère m'avait quitté à l'arrêt de bus à Fécamp. J'avais vu sa petite silhouette peu à peu s'évanouir à l'horizon. Elle n'avait qu'un garçon à l'époque. Je ne voulais pas lui faire de peine. Mais rien ne m'aurait fait changer d'avis. J'avais quatorze ans et demi et je commençais à vivre. J'allais découvrir le monde.

En sortant de la Manche, et en quittant le plateau continental, nous avons mis le cap sur les *terrae baccallaos*. Cinq siècles de pêche à Terre-Neuve, c'était plus qu'une histoire, un mythe. Dans les maisons, on disait que là se trouvait notre terre, notre richesse. Mais le

Grand Banc, immense plateau sous-marin au sud et sud-est de Terre-Neuve, était devenu au fil du temps de plus en plus convoité. Par le traité d'Utrecht signé en 1713 qui mit fin à la guerre de Succession d'Espagne, la France avait perdu les pêcheries du Labrador, l'archipel de Saint-Pierre-et-Miquelon et l'île de Terre-Neuve. En 1763, la fin de la guerre de Sept Ans déposséda la France de ses territoires américains, mais elle récupéra Saint-Pierre-et-Miquelon qui depuis est restée la seule possession française dans les eaux de l'Atlantique-Nord. Le traité d'Utrecht lui avait permis de conserver un accès de pêche au large de l'île de Terre-Neuve, le « French Shore ». Un accès qui se réduisit encore en 1904, au moment de l'entente cordiale entre la France et l'Angleterre.

Mais, si nos territoires avaient peu à peu diminué, l'aventure de la Grande Pêche à Terre-Neuve continuait.

Cependant, au deuxième jour de mer, j'ai commencé à déchanter. J'étais malade comme un chien. Nous essuyions du mauvais temps depuis le début de la traversée et nous étions plusieurs à penser qu'à la première escale, on ne nous reverrait pas.

Dans le poste d'équipage, nous dormions à trente-six, entassés dans nos bannettes, des couchettes superposées, avec pour se chauffer un poêle qui fonctionnait au charbon et qui fumait autant qu'il pouvait. Des mois à passer ainsi, ensemble. La crasse et la sueur collaient déjà aux hommes. La maison de la rue de Mer, son parquet briqué et son parfum de pain chaud étaient loin.

Nous ne pouvions pas rester là, avec ce poêle qui empestait, une mer forte et un bateau qui embarquait de l'eau. Et la « pique », la pointe avant du navire, le plus mauvais endroit réservé aux mousses, était pire encore. Lorsque le bateau montait sur la vague, tout montait. Puis tout redescendait en même temps. À l'arrière, de chaque côté du bateau se trouvaient les baleinières. C'est là que nous allions dormir. Au moins là, il y avait de l'air.

Le rôle des mousses et des novices est d'aller chercher le charbon pour le poêle du poste d'équipage. L'un de nous devait descendre dans la cale à l'arrière du bateau et remplir le seau. Les autres le remontaient à l'aide d'un treuil à manivelle. Quand il ne faisait pas trop mauvais temps, ça allait. Mais quand la mer grossissait, ce n'était pas la même affaire. Nous devions également apporter la gamelle à l'équipage et pour ça, traverser le pont jusqu'à l'avant du bateau, les bras chargés, avec des lames qui déferlaient, blanches écumeuses, et des paquets de mer qui s'abattaient autour de nous. Au bout de quelques jours, nous ne rapportions plus rien. Tout le monde gueulait après nous. Nous mangions dans la chaleur étouffante de la cuisine et nous répondions aux autres membres de l'équipage qu'ils n'avaient qu'à faire comme nous.

Les mousses et les novices servent de boys aux marins. Mais personne ne nous martyrisait. De toute façon, on ne se serait pas laissé faire. Normalement, nous récupérions ce que ces messieurs laissaient dans la marmite. Mais, comme nous prenions la précaution de nous servir avant eux dans la cuisine, on s'en tirait très bien. Je n'ai d'ailleurs jamais aussi bien mangé, c'est vrai que nous sortions de la guerre.

Neuf jours de traversée. Les côtes de Saint-Pierre-et-Miquelon, île au sud de Terre-Neuve, sont enfin apparues. Une ombre d'abord, puis les contours se sont découpés à l'horizon. Nous allions faire escale.

Nous sommes passés devant l'île aux Chiens, le phare, la côte, un univers de roches. Le port était rempli de chalutiers, mais aussi de voiliers portugais. Tous les marins sont partis en virée. Nous, jeunes mousses, étions fascinés par les rues et les vitrines. Pendant trois jours, nous avons déambulé en groupe dans Saint-Pierre. Tout portait ici la marque de la France, mais les maisons étaient en bois de toutes les couleurs et les magasins débordaient de denrées.

Je n'étais qu'un gosse qui faisait ses courses du côté des Amériques. À Saint-Pierre, j'ai découvert les devantures des pâtisseries avec des gâteaux. Pendant la guerre, celles de Fécamp étaient toujours vides. Là-bas, j'ai acheté mon premier sac de marin. L'armateur nous avait accordé une avance sur notre paye. Quand nous sommes partis de Fécamp, nous n'avions pas grand-chose à nous mettre. On possédait maintenant des cirés de toile huilée, des bottes, des pantalons et des lainages chauds. Nous étions vraiment des marins.

Sur mon sac, j'avais inscrit mon nom à l'encre noire. « F. Leborgne ». Longtemps, j'ai repassé sur les lettres, pour qu'elles ne s'effacent pas. Ce sac représentait la mer, le monde. Je commençais à le découvrir et je n'avais pas les yeux assez grands.

Escale à Sydney-Nord au Canada pour le charbon. Puis le *Joseph-Duhamel* a quitté le port, les quais, le chenal. Cap à l'est sur les bancs. Le métier allait commencer. Bientôt nous serions des hommes.

7

> Nous étions englués jusqu'à mi-jambes dans le poisson et les tripes.

Septembre 1945, bancs de Terre-Neuve.

Depuis quelques jours, la fièvre montait. Pendant la traversée, malgré le mauvais temps, les hommes ont préparé le matériel de pêche. Chacun à son poste, comme de grands artisans, ils ont assemblé les différentes pièces du chalut : le ventre, les ailes, le grand dos, le petit dos. Le chalut, le grand filet qui allait pêcher dans les profondeurs, dévoilait peu à peu ses formes et son ampleur. Puis tous ont accéléré le rythme autour des treuils, des poulies, des câbles. Ils ont ajusté les « peaux de vache », qui forment un tapis protecteur sous le « cul du chalut ». L'ouverture supérieure a été garnie de flotteurs. La partie inférieure, qui racle le fond, de boules d'acier, les diabolos. Le « cirque », c'est ainsi qu'on désigne les parcs à poisson, a été monté sur le pont. Nous étions prêts à « banquer », c'est-à-dire à mettre en pêche.

Un fou de Bassan nous accompagnait de son vol. Il planait au-dessus du navire, a plongé, happé sa proie et s'est fondu dans l'azur.

Debout sur sa passerelle, le capitaine semblait toujours guetter l'horizon. Il n'a que son seul instinct pour le guider. Et c'est à certains signes comme la couleur de l'eau et du ciel, ou la présence d'oiseaux marins, qu'il sait que nous sommes sur les bancs. La morue vit dans les petits fonds à des profondeurs qui avoisinent les deux cents mètres, parfois un peu plus. La sonde, son seul appareil de détection, a donné raison au capitaine. Les fonds avaient remonté.

L'ordre est tombé de la passerelle. La grande cérémonie commençait. Pour la première fois, j'allais assister à la mise en pêche, à mon premier trait. J'en rêvais depuis des semaines. La cloche a sonné, confirmant le début de la manœuvre de filage, c'est-à-dire de mise à l'eau du chalut. Le capitaine surveillait et, d'un bout à l'autre du bateau, les hommes s'affairaient. Le navire a stoppé, tribord au vent afin que le chalut soit amené sur le côté, s'écarte du navire et plonge. Les hommes, engourdis, reprenaient doucement la main. Les treuils ont laissé filer les bras. Environ cinquante mètres de câbles se sont déroulés. J'essayais de comprendre, de tout voir. Le chalut blanc et majestueux s'est enfoncé lentement dans les profondeurs sombres. Comme un animal vorace, il a ouvert sa gueule, puis s'est étiré, prêt à ingurgiter sa proie : la morue.

Nous avons remis en route, à l'allure de quatre nœuds et demi environ. Le navire faisait son premier trait. On a traîné ainsi quelques heures. Les hommes se préparaient à recevoir le poisson. Puis on a viré le chalut, une manœuvre aussi délicate que celle du filage. Le navire a stoppé à nouveau. Les treuils ont remonté les câbles. Enfin, la poche du filet est apparue à la surface, grossie par le poisson. Elle s'est élevée sur le côté. S'est ouverte par palanquées. Deux mille kilos se sont abattus sur le pont.

D'un geste, le poisson passait des parcs aux tables en bois. Sous le vol et les piaillements des oiseaux de mer qui s'abattaient tout autour de nous en nuage blanc, la danse commençait. Le vent avait diminué, mais la mer restait formée. Les jambes écartées et le buste penché en avant, les hommes s'étaient mis au travail. En rythme, le piqueur, d'un coup sec, plantait la morue pour la transmettre au décolleur. Celui-ci faisait sauter les têtes. Puis le trancheur enlevait l'arête centrale pour la mettre bien à plat. Poisson arrondi, la morue devenait poisson plat. Le grand homme de l'équipage était le saleur. Trop de sel brûle la chair, alors que pas assez l'empêche de bien se conserver. Son domaine était la cale blanche et immense, où les hommes du pont lui déversaient par paquets les morues prêtes à être givrées dans le sel. Le ramendeur, qui était parfois aussi un trancheur ramendeur, occupait avec le trancheur et le saleur le poste le plus important du bord.

Nous jeunes mousses, engoncés dans nos cirés trop neufs et nos cuissardes, nous étions englués jusqu'à mi-jambes dans le poisson et les tripes. Avant de la passer au saleur, à l'aide d'une cuillère à énocter, nous grattions le sang formé en caillots qui pouvait abîmer la chair, puis nous la lavions dans de l'eau glacée. Un travail facile. Mais l'eau froide ruisselait partout. Les mains s'engourdissaient. La pluie ruisselait, noircie de fumée de charbon de la grande cheminée, qu'une rafale de vent rabattait parfois sur nous. D'un revers de main j'essuyais mon visage, mais cette fois, à l'eau de pluie se mêlait la tripaille.

La nuit est tombée. Autour de nous, à quelques encablures, d'autres chalutiers travaillaient. Nous distinguions le reflet de leurs lumières sur l'eau noire. Et le chalut a encore été remis à l'eau. Il allait draguer ainsi les fonds jusqu'à ce que la cale soit pleine. Pas de bordée de repos. Tous les marins travaillaient en même temps. Nous n'arrêterions qu'au moment où le capitaine serait trop fatigué. Les projecteurs sur le pont étaient allumés. Sous la lumière blafarde, les marins piquaient, décollaient, tranchaient. Le poisson était là. Malgré la fatigue, les gestes devenaient sûrs. Certains, plus rapides, préparaient des joues de morue. Ils allaient les vendre à l'arrivée, en complément de leur paye.

Au milieu de la nuit, nous nous sommes enfin effondrés dans le poste d'équipage. Après cette première journée de pêche, les odeurs épaisses du poêle, des hommes et du poisson m'enveloppaient, rassurantes. Bercé, hypnotisé, je m'endormais et cette fois sans lutter.

Au petit matin, après trois heures seulement de repos, nous remettions en pêche. Un brouillard acide et bleu étouffait tous les bruits. On voyait à peine le gaillard d'avant. À intervalles réguliers, seules les cornes de brume retentissaient. Le vent, la pluie s'étaient arrêtés. La mer était d'huile, sans un seul clapot. Mais le capitaine a décidé de stopper, les icebergs dérivaient dans les parages.

Soudain, sorti de nulle part, un doris est apparu à tribord avec un homme à son bord. C'était un Portugais. Les marins m'ont dit qu'on les voyait toujours ainsi, seuls sur leur coque de noix. Pendant des siècles, les bateaux débarquaient les hommes sur la côte de Terre-Neuve et la pêche se faisait en chaloupe. La morue était ensuite traitée à terre. La « pêche errante » également se pratiquait. C'est-à-dire que le navire dérivait et les hommes laissaient filer des lignes. Puis les voiliers à l'ancre ont lâché leurs hommes sur des doris. Ils boettaient le poisson grâce à de l'encornet ou des bulots et le rapportaient à bord pour qu'il soit travaillé et salé. La seule façon de le conserver jusqu'au retour sur les côtes de France. Les chalutiers existaient depuis le début du XXe siècle, mais les Portugais continuaient de pêcher comme au XVIIIe. Leur voilier devait être un peu plus loin, mouillé sur le milieu du banc. Deux mondes se croisaient.

L'homme avait le front bas et nous tournait le dos. Courbé dans son doris, il a remonté sa ligne. Les morues sont tombées au fond de l'embarcation, se sont débattues. Une à une, il les a achevées sur le plat-bord. Engoncé dans son suroît et sa vareuse huilée, il ne s'est pas retourné. Pour lui, nous étions des maudits. Nous faisions fuir le poisson avec les hélices de nos chalutiers à moteur. Nous empoisonnions le banc avec la fumée épaisse et notre cheminée.

8

Les mousses veulent maintenant de l'eau chaude pour travailler.

Décembre, 1945, banc de Terre-Neuve.

Pendant des semaines, les équipes se sont succédé sur le pont. Les barbes et les mains ont durci. Les cirés se sont couverts de givre, le pont de neige. Le vent soufflait de plus en plus froid et les jours raccourcissaient. La pêche, elle, n'arrêtait pas.

Nous, jeunes mousses, commencions à chanter chaque jour un peu plus fort. Le métier entrait. Sur un bateau, on prend vite le rythme. Mais, si ce n'est pas compliqué de laver de la morue, c'est quand même mieux quand l'eau n'est pas gelée. Il y a toujours des marins qui vous soufflent des choses. Et un jour, l'un d'eux m'a dit qu'on pouvait non pas réchauffer l'eau avec laquelle nous lavions la morue, mais au moins la dégourdir. J'ai réuni tous mes copains, huit ou neuf mousses et novices : « On va aller voir le tonton là-haut, et on va lui dire qu'on arrête de bosser si on ne nous donne pas de l'eau chaude. »

André Lecœur, le capitaine, était un grand gaillard d'un mètre quatre-vingt-cinq.

« Qu'est-ce que tu veux, Leborgne ? On ne quitte pas comme ça son poste de laveur de morues ! »

Dans l'affaire, je me retrouvais à jouer le porte-parole.

« Il paraît que si vous en donnez l'ordre au chef mécanicien, il peut faire venir de l'eau chaude, enfin au moins un peu dégourdie. »

Il a pris son second à témoin.

« Eh bien, on aura tout vu, les mousses d'après-guerre, maintenant ils veulent de l'eau chaude pour travailler. »

Le lendemain, il a fallu changer un tuyau ou deux et l'on a eu ce qu'on voulait.

André Lecœur était un type bien.

Après quatre mois de lavage de morue, de nettoyage du poste d'équipage et d'aide au cuisinier, le capitaine a décidé de faire route vers la France. Les cales étaient pleines. Les hommes ont rentré les parcs à poissons, démonté le chalut. Ils se sont mis à nettoyer le bateau, à tout potasser. Puis à repeindre. C'est propre et flambant neuf que le bateau prit la route du retour.

Le 1er janvier 1946, nous sommes arrivés à Fécamp. Les écluses n'étaient pas encore reconstruites, nous sommes restés sur les vases à attendre la marée montante.

Ma mère était heureuse de me revoir. J'avais, paraît-il, un peu grandi. Je portais surtout une casquette, que je m'appliquais à aplatir sur le côté et d'où dépassaient encore mes mèches blondes de l'enfance.

Mais mon sac de marin de Saint-Pierre avait coûté plus cher que ma solde et malgré la pêche excellente, j'étais comme on dit « en retour », c'est-à-dire en dette vis-à-vis de mon armateur.

Toute ma vie, j'avais vu ma famille payer à crédit à la boutique, plus tard on y allait et plus tard on était le mois d'après. Si je voulais m'en tirer, j'avais intérêt à rapidement apprendre tous les métiers de la mer. Pas question d'être en retour. Et, pour ça, il ne fallait pas que je reste à laver de la morue dans de l'eau à zéro degré et à même quelquefois moins. Je n'ai pas rembarqué pour Terre-Neuve. J'étais jeune, trop jeune. Je n'avais que quinze ans.

9

La pêche à la morue promettait la richesse.

1949, Fécamp.

Les meilleurs marins se forment à la mer et sur des bateaux différents pour apprendre toutes les techniques. Pendant plusieurs années, ma vie a été une succession d'embarquements. Je voulais tout connaître.

Après mon expérience de Terre-Neuve, je me suis tourné vers la pêche côtière qui se pratique sur des petits bateaux, souvent armés par quelques hommes d'équipage. Là, nous rentrions tous les trois ou quatre jours.

La guerre était désormais loin. Mais partout elle avait laissé des traces. Les ports étaient dévastés, les villes enfouies sous les décombres. Et naviguer en Manche présentait des risques. Les bateaux coque métal devaient se faire démagnétiser chaque année. Les mines qui parsemaient la mer étaient attirées par la masse métallique plus ou moins aimantée des navires. Seules les coques bois passaient au travers. À bord du *Sainte-Marie*, un petit chalutier en bois sur lequel j'ai fait la campagne du hareng, nous avons un jour croché notre chalut. En le remontant, un chapelet de mines est arrivé en surface. Nous avons laissé refiler très doucement. Quand les câbles sont devenus mous, nous les avons coupés. Longtemps après la fin de la guerre, nombre de pêcheurs ont ainsi disparu. Un beau matin, sur une mer tranquille, ils ont sauté à cause des mines magnétiques. Personne ne les a revus. Seuls quelques morceaux de l'épave sont revenus jusqu'au rivage.

En août 1947, j'ai quitté les petits chalutiers pour embarquer à bord de *L'Otarie*. Ce bateau avait été réquisitionné par les Allemands et coulé pendant la guerre. L'épave avait été récupérée, remise à flot et attribuée à un armateur de Fécamp au titre des dommages de guerre. Nous sommes allés à Brest pour prendre possession de *L'Otarie* qui s'appelait alors l'*E 42*. Sur ce navire de près de soixante mètres, j'ai fait des voyages courts vers Terre-Neuve et surtout l'Islande. On pêchait de la morue et du lieu noir. En Islande, c'était surtout du lieu noir. C'était de la Grande Pêche, mais fraîche cette fois. Nous partions moins de trente jours, une semaine pour rejoindre les bancs, dix jours de pêche et encore une semaine pour revenir. Il ne fallait pas traîner. Nous pouvions charger deux cents à deux cent cinquante tonnes de poisson vidé, étêté dans la cale et l'on mettait tout en glace.

Cette même année, je suis retourné à la pêche côtière. Je pêchais le hareng à bord du *René-Georges*. On travaillait au filet dérivant. Puis retour à la Grande Pêche en 1948 sur le *Cap-Nord*. C'était un bateau identique à *L'Otarie*. Les marées duraient quarante-cinq jours. L'équipage était plus réduit qu'à bord du *Joseph-Duhamel* de mes débuts. Nous n'étions plus que vingt-cinq à bord, au lieu de quarante-cinq. Ensuite, j'ai continué sur d'autres bateaux plus petits comme le *Souvenir*, long de trente-huit mètres.

Dans ces années d'après-guerre, Boulogne n'avait pas encore complètement repris son activité et tous les ports de la côte se mettaient à faire de la pêche fraîche. Mais la morue salée restait l'espèce la plus rentable. Si les premiers chalutiers rapportaient cent, deux cents, voire cinq cents tonnes, après la guerre, certains construits aux États-Unis portaient parfois plus de mille tonnes. Les bateaux étaient moins nombreux. Mais chacun d'eux pouvait revenir avec l'équivalent de plusieurs dizaines de voiliers. La Grande Pêche à la morue promettait la richesse. La France exportait beaucoup vers l'Italie et l'ensemble du Bassin méditerranéen. La ressource était abondante, les bateaux manquaient. Les chargements valaient de l'or et tous se frottaient les mains. Les bâtiments du port, sécheries, boucanes, retrouvaient leur lustre d'avant-guerre.

Les capitaines se faisaient construire de belles villas sur les hauteurs de Fécamp. Et les armateurs partaient maintenant en traction avec chauffeur pour d'interminables déjeuners à Paris où l'on parlait prise de participations et investissements. Tant qu'il s'agissait de lancer des voiliers, les armements étaient essentiellement familiaux. Mais les chalutiers demandaient d'importantes mises de fond. Quelques armements se montaient en société anonyme, d'autres en nom collectif ou en participations. Cette dernière formule permettait de diviser la propriété d'un bateau en un certain nombre de parts. Chacun gagnait proportionnellement à son apport. La fortune était rapide.

Cependant chez nous, rue de Mer, l'argent manquait toujours. Mon beau-père ne s'était jamais remis de la guerre. Il en avait trop vu. Ma mère seule travaillait, s'occupait des enfants, de sa mère, mais également de son mari. Si je voulais nourrir ma famille, il fallait que je retourne à la Grande Pêche. Mais pas comme matelot léger.

Jusqu'à seize ans on est mousse, puis novice, à dix-huit ans on est matelot léger et à partir de vingt ans on est matelot. Bien sûr, si à dix-sept ou dix-huit ans, on sait trancher ou ramender, on monte en grade. On devient un spécialiste, un trancheur, un ramendeur.

En 1949, j'avais dix-huit ans. De la ligne, au chalut, du tranchage au ramendage, je connaissais maintenant tout du travail sur le pont. J'avais fait mon temps de navigation nécessaire, de trente-six mois effectifs à la mer et je pouvais entrer à l'école d'hydrographie pour suivre le cours de patron de pêche. Sur le *Cap-Nord* et *L'Otarie*, j'avais retrouvé mes copains René et André, ceux des virées en doris dans le bassin Fréciney. Nous étions toujours très proches. Mais René et André devaient, eux, encore attendre un an pour retourner sur les bancs de classe. Nous allions nous séparer.

L'école était rue de Mer, à côté de notre maison. Toute mon enfance, j'y avais vu entrer des jeunes hommes avec des cartes sous le bras. C'était maintenant mon tour d'y aller. Le directeur était un ancien capitaine au long-cours, Hippolyte Le Breton, un excellent professeur. Il faisait ses cours comme il devait commander à sa passerelle. Et pour ceux qui ne comprenaient pas, les craies volaient à travers la classe. Il assurait le principal, la navigation. Un administrateur nous enseignait le droit maritime, un professeur de collège, les mathématiques et le français. Nous avions également un professeur de manœuvre. Il ne nous parlait que des voiliers et des virements de bord. Ça ne nous intéressait pas beaucoup. Mais on était fascinés en le voyant s'agiter comme en pleine mer. À chaque instant, il affrontait les vents et surveillait les changements de courants.

Pour rattraper le niveau des autres élèves qui, eux, n'avaient pas quitté l'école à treize ans, je prenais des cours chez un copain. Pour les cartes, ça allait, mais pour les autres matières, c'était moins évident.

Finalement, en début d'année 1950, j'étais reçu. Je passais du grade de matelot léger à celui de second. J'allais pouvoir repartir à la Grande Pêche.

10

À l'exception de deux ou trois novices, les autres étaient beaucoup plus vieux que moi.

1950, « Charles-Prentout ».

La pièce haute avec ses panneaux lambrissés et ses grandes fenêtres ouvrant sur la mer ressemblait à un navire. René Lemaître, capitaine de l'armement Prentout à Fécamp, se tenait debout, les mains derrière le dos et le regard au loin. On lui avait parlé de moi et il m'avait fait venir chez lui.

Je cherchais une place comme second, mais je n'avais que dix-neuf ans et lui avait gagné le titre de « don », celui que l'on donne aux plus grands pêcheurs.

Quand on est le dernier d'une fratrie avec des aînés qui sont en place et qui commandent, installés depuis dix ou vingt ans, c'est beaucoup plus aisé de trouver une place. Mais sinon, c'est partout pareil. C'est toujours plus difficile quand on sort de nulle part.

René Lemaître a immédiatement signé ma lettre d'engagement. Il a été le premier à m'avoir vraiment aidé en me prenant si jeune. Il venait comme moi d'une famille modeste avec de nombreux enfants, qui n'était pas une famille d'officiers et il avait mis longtemps malgré ses diplômes à obtenir un commandement.

Avant de partir, Jean Prentout, l'armateur, m'avait convoqué dans son bureau. Il n'était pas d'accord. Il me trouvait trop jeune. Mais il ne pouvait pas s'opposer, parce que la coutume veut que le capitaine soit seul à choisir son équipage. Au moment où je refermais la porte, j'ai vu sa colère : « À votre retour, je préférerais qu'on me dise que vous êtes une peau de vache, plutôt qu'un bon garçon. »

J'avais échangé un poste d'équipage contre une cabine où j'allais dormir avec le premier lieutenant sous le château. C'était moi, le « P'tit blond », surnom que l'on m'avait donné à Fécamp du fait de ma petite taille et de ma couleur de cheveux, qui devrais faire la jonction entre le capitaine et l'équipage. Savoir tout ce qui se passe à bord et régler les conflits avant qu'ils ne remontent à la passerelle. Un bon second doit se montrer assez souple pour se laisser commander, mais avoir également assez de tempérament pour se faire obéir. J'avais intérêt à rapidement faire oublier mon surnom.

Le 10 juin 1950, le *Charles-Prentout*, petit chalutier de quarante-deux mètres, a appareillé à la morue salée pour Terre-Neuve. Mais un second de dix-neuf ans, sur un chalutier avec trente hommes d'équipage, on n'en voit pas tous les jours. À l'exception de deux ou trois novices, les autres étaient beaucoup plus vieux que moi.

Nous travaillions jusqu'à seize heures par jour. Les reins et les mains cassés. Les yeux gonflés, à peine sorti du sommeil, je montais trancher avec les équipes. A priori, le second est à la passerelle. Mais à l'époque, il était également aux manœuvres du chalut et quand il y avait beaucoup de poisson, il devait se trouver avec les autres à travailler la morue.

Le trait avait déversé sur le pont des ânons et des morues trop petits, que d'un geste nous rejetions à la mer. Le regard vide et les corps fatigués ne sentaient plus rien. Les hommes étaient silencieux. Seul à côté de moi, un gars me cherchait depuis quelques jours. « Trop jeune… tiendra jamais le coup. » Je ne répondais pas. À bord, la consigne c'est de ne rien dire. Avec un couteau à la main, il vaut mieux éviter. Quand on a remis le chalut à l'eau, il a continué. Je n'ai pas résisté. Je lui ai fichu une beigne un peu forte. Il est tombé à deux doigts de la bitte d'amarrage. J'ai cru qu'il s'était fracassé le crâne.

Le capitaine m'a appelé.

« Petit, tu sais, tu as bien fait. Je ne l'aurais pas supporté aussi longtemps que toi. »

C'est vrai que ça l'avait calmé. Quand ce gars faisait le dur, l'équipage lui disait : « Va voir le second, il va t'apprendre à vivre. »

Je ne pensais qu'à une chose. J'avais failli le tuer. Je n'étais pas près de l'oublier. J'avais mon brevet, je n'étais pas poussé au cul par quelqu'un de ma famille. Mais pour me faire respecter, il fallait aussi que je montre que je savais tout faire, aussi bien trancher que ramender. Je devais toujours être le premier sur le pont.

Je n'avais pas droit à l'erreur tant du côté de mes qualités de marin que de pêcheur. Les hommes m'attendaient à mon premier trait. À bord, c'est la seule chose qui compte. Ils n'étaient pas venus pour se promener.

11

J'ai noté le coefficient de marée, le vent, les courants.

« Charles-Prentout », bancs de Terre-Neuve.

Le second distribue le travail au maître d'équipage, s'assure que l'on prépare bien tout le matériel de pêche, qu'il y a toujours cinq à six chaluts d'avance dans les magasins. La passerelle, c'est l'affaire du capitaine. Mais une partie de la nuit et de l'après-midi, je devais aussi assurer le quart avec le premier lieutenant, surveiller la navigation, faire le point avec le sextant quand le temps le permettait. Une droite de hauteur le matin, une méridienne à midi. C'est avec un sextant et un compas qu'on traversait l'Atlantique. Et les jours où le ciel était bouché, on naviguait à l'estime et ça pouvait durer plusieurs jours. Mais à l'estime, on se trompe rarement.

Après avoir regardé les cartes en silence, le capitaine m'a laissé la passerelle. La casquette enfoncée jusqu'aux oreilles et le pantalon de toile cachou découvrant les sabots, je le sentais hésitant à quitter son univers. La démarche lente, sans se retourner, il est finalement parti dormir dans sa cabine.

La Voie lactée se détachait nettement dans le ciel. La météo était bonne, pas de dépression annoncée. Debout entre la chambre des cartes et la timonerie, je surveillais la nuit. Nous allions bientôt être sur le banc des Accores. Et je devais y effectuer mon premier trait de nuit.

Quand le capitaine va se coucher, le second est le seul maître à bord. Prêt à descendre sur le pont, j'avais toujours à portée de main mes bottes et mon ciré en toile huilé. Ces cirés, on les a tous gardés pendant longtemps. À chaque retour, on les lavait et on les badigeonnait de plusieurs couches d'huile de lin afin de les rendre imperméables. Mais avant le départ, je m'étais quand même racheté une nouvelle casquette.

Avant de quitter la passerelle, le capitaine m'avait laissé quelques instructions qui se résumaient à un cap : « Après, tu sais ce qu'il te reste à faire. »

Ce qu'il me restait à faire, c'était de trouver la morue. Je repensais à mes cours de l'école d'hydrographie. À la salle de classe, ses odeurs d'encrier et de vieux livres. Au professeur de manœuvre qui s'agitait sur sa chaise à chaque virement de bord imaginaire.

Trouver la morue, on nc l'apprend pas à l'école. On sait juste qu'en approchant du plateau continental américain, les fonds remontent. C'est là que l'on peut commencer à travailler. Mais, sur une carte où à cette époque les indications restaient approximatives, il fallait aller tâter au jugé. Celles éditées par l'Institut des Pêches étaient incomplètes et devaient être mises à jour. Chaque capitaine y portait les profondeurs de sondes, la nature des fonds doux ou rocheux, mais également de la faune et de la flore qu'il trouvait dans son chalut en le remontant. Une mine de renseignements qu'il inscrivait sur ses carnets de pêche et ses cartes. Un bien qu'il gardait toute sa vie.

Je tâtais les fonds au sondeur. Nous étions arrivés sur le banc, profondeur de fond : cent quatre-vingts mètres. L'appareil m'a renvoyé une détection, il y avait du poisson. J'ai mis en pêche. La profondeur se maintenait et le sondeur détectait toujours. Le chalut traînait depuis à peine une heure. Je me cramponnais à ma sonde. Mais les fonds se sont mis soudain à chuter, deux cent cinquante mètres, deux cent quatre-vingts mètres, trois cent cinquante mètres, quatre cents mètres. Il fallait virer plus tôt.

Le capitaine s'est réveillé au son du treuil. Il voulait savoir. Moi, je n'étais pas sûr de vouloir découvrir ce qu'il y avait dans ce chalut. Tout allait trop vite. De ce premier trait et de la quantité de morue, allait dépendre mon autorité sur le pont. Je maudissais ces fonds qui s'étaient mis à chuter si rapidement. Il y avait peu de chances qu'on ait eu le temps de remplir le chalut.

Heureusement, le cul était bourré de morue. J'ai noté le coefficient de marée, le vent, les courants, les conditions atmosphériques. Plus tard, je reviendrais dans cette zone pour voir si le poisson prenait encore. D'une année sur l'autre, on sait qu'on le retrouve à peu près aux mêmes endroits. Il a ses cycles et quand il est passé, on sait qu'il repassera. Parfois, il a un peu de retard. Alors, on cherche toujours un peu plus loin.

René Lemaître était un vrai chercheur en matière de zones de pêche. Il essayait toujours de voir un peu plus loin, de trouver de nouveaux bancs. Sur le *Charles-Prentout*, j'ai commencé à remplir mes cahiers de pêche. J'ai relevé : les lieux, les températures, les profondeurs, les zones où les fonds rocheux étaient dangereux. Si je voulais réussir, ces cahiers je devais les compléter au fur et à mesure de mon expérience. Elle seule est vraiment utile.

J'espérais continuer les recherches avec René Lemaître, mais je devais débarquer : le temps de mon service militaire était arrivé.

12

Le pilote a saisi une amarre. La coque a pris de l'erre et s'est éloignée du quai.

1951, Saint-Malo.

Alors que j'attendais mon départ pour l'armée, j'ai appris que je ne serais finalement convoqué que l'année suivante. Malheureusement, quand je l'ai su, le *Charles-Prentout*, comme tous les autres chalutiers de Fécamp, était déjà reparti depuis le 15 février, date d'ouverture de la campagne pour les Grands Bancs.

Il me fallait chercher un autre embarquement. En avril, j'ai trouvé le *Téméraire*, un bateau des Chalutiers Malouins, retardé quelques mois pour cause de réparations. Mais la place de second était déjà prise, j'acceptais celle de premier lieutenant.

Ce chalutier d'avant-guerre s'avérait de conception ancienne. Il était commandé par Joseph Lecœur, le père d'André Lecœur, capitaine de mon premier embarquement sur le *Joseph-Duhamel*. Il avait fait venir à Saint-Malo tous ses hommes de Fécamp et je découvrais pour la première fois la cité corsaire.

Devant la porte Saint-Vincent, quelques Malouins attendaient avec nous l'heure de l'appareillage. Presque entièrement détruite lors de la Libération, la vieille ville était encore partiellement en ruine. Les familles avaient tout perdu. De la porte Saint-Vincent à la porte de Dinan, des hôtels particuliers effondrés, des rues défoncées. Les pierres des immeubles avaient été numérotées par les bâtiments de France et soigneusement entreposées à l'extérieur des murs. Çà et là des grues, des bétonnières, des hommes qui s'affairaient. La ville était un immense chantier. En souvenir de leurs gloires passées, les Malouins voulaient reconstruire à l'identique la cité des Jacques Cartier, des Duguay-Trouin et des Surcouf. En attendant, les habitants logeaient dans les baraquements de Rocabey et de Courtoisville. Les ouvriers de la reconstruction, sculpteurs et tailleurs de pierre, campaient avec leur famille dans la nef de la cathédrale. Dévastée, la ville avait aussi révélé ses entrailles. Dans le quartier de la rue du Vauborel, les caves éventrées dévoilaient leur architecture. Autrefois magasins de marchandises venues des quatre coins du monde et parfois frauduleusement débarquées au cap Fréhel pour éviter les taxes royales, les voûtes s'étageaient alors à ciel ouvert. Le chantier de la reconstruction s'étirait, les crédits manquaient. Les propriétaires les plus chanceux retrouvaient un tiers de leur patrimoine foncier, mais brut de béton. Boiseries et autres trésors n'étaient plus que poussière. Et Saint-Malo devait aborder la deuxième partie du XXe siècle avec tout à relever.

Depuis quatre ans, le port était redevenu port à marée. Les carcasses de bateaux éventrées par les bombes avaient été évacuées, mais çà et là quelques ferrailles noircies et tordues encombraient les quais. La grande écluse venait d'être remise en service, le trafic commençait seulement à reprendre.

Nous étions à quai à côté du *Lieutenant-René-Guillon*, le dernier voilier terre-neuvas malouin. À Fécamp, on n'en voyait plus, mais celui-ci naviguait encore. Il pêchait à l'aide de doris et de lignes. Deux anciens marins du *Téméraire* me parlaient de leurs campagnes. Ils avaient toujours navigué sur les voiliers et regrettaient cette époque. Ils y avaient été plus heureux qu'à bord des chalutiers modernes. Pendant les

« marées de paradis », ils ne travaillaient pas ; les voiliers ne mettaient pas les doris à la mer lorsqu'il y avait du gros temps. Mon oncle André, qui me faisait faire l'école buissonnière, me racontait la même chose. Toute sa vie, il avait navigué dessus et pour rien au monde il n'aurait changé. Après la guerre, il y est retourné. Il disait que, là au moins, on était libre. Seul maître à bord de son doris.

Le 13 avril, nous avons appareillé à la première marée du matin. Le 13, c'était un choix du capitaine. Plusieurs fois nous sommes partis à cette date du mois et avons tout de même mené une très belle campagne.

Les ordres sont tombés de la passerelle : « Larguez partout devant. Larguez derrière. »

Sur le gaillard d'avant, je surveillais la manœuvre. Les aussières ont été embarquées. Un homme surveillait l'arrière : « Paré derrière, hélice claire. »

Le remorqueur a saisi une amarre. Le chadburn en avant lente. La coque a pris de l'erre et s'est éloignée du quai. Le bateau a viré, dessiné son sillage. On a passé les écluses, le môle des Noires resté éventré par les obus. Du large, la marée le submergeait. Mais sur les remparts de Saint-Malo, le temps semblait ne pas avoir de prise.

13

Lui aussi m'avait donné sa confiance. Il m'appelait « petit ».

1951, « Téméraire ».

En tant que premier lieutenant, je partageais les responsabilités du second capitaine. Je distribuais le travail, assurais la liaison avec la passerelle, le quart de nuit. J'étais aussi chargé de la cambuse. Je devais donc distribuer le vin pour l'équipage et les vivres pour le cuisinier. Mais les restrictions de la guerre n'étaient pas encore loin. Et l'armement avait embarqué un peu juste. On manquait de tout.

Et en particulier de vin. En accord avec le capitaine, je le rallongeais tout en faisant attention. Il y avait des connaisseurs à bord. Un matin, je suis arrivé avec mes deux bidons d'eau et suis tombé sur le chef mécanicien. Je lui ai expliqué que j'allais laver la cambuse. Mais j'ai bien vu qu'il ne gobait pas mon histoire. À midi, on m'a appelé là-haut, le capitaine voulait me voir : « Alors, il paraît que tu mouilles le vin.

— Vous le savez bien, capitaine.

— Le chef t'a vu ce matin et il dit qu'il y a de l'eau dans le vin.

— Oui bien sûr, pour faire la soudure, mais pas pour la passerelle, ni pour le carré d'en bas.

— Peut-être, mais là, il y a de l'eau dans ce vin. Tu as dû te tromper. »

Je n'ai pas discuté. Je leur ai apporté à nouveau du vin. Mais rallongé avec de l'eau.

« Ah ! voilà parfait, ça c'est du vin. »

Cette fois, ils buvaient du vin avec de l'eau. Mais c'était devenu tellement courant que certains ne s'en rendaient pas compte. Le capitaine se marrait. Comme René Lemaître, mon précédent capitaine, lui aussi m'avait donné sa confiance. Il m'appelait « petit ». Mais cette ration de vin était réglementée par la Marine marchande et datait de la marine à voiles. Une des prérogatives du marin établies par la convention collective. Il n'était pas question de plaisanter avec ça.

14

Droit devant, sa silhouette a surgi du brouillard. Il est passé à moins de cent mètres.

« Téméraire », bancs de Terre-Neuve.

À peine avons-nous mis en pêche que la brume est tombée. Toutes les minutes, un coup de corne signalait notre présence. Le Grand Banc se trouve à la même latitude que la France. Mais il n'est pas protégé par le Gulf Stream. Au printemps, les coups de vent sont moins violents et la neige est plus rare, mais la brume fréquente.

Autour de nous, d'autres chalutiers. À son sifflet, j'ai reconnu le *Joseph-Duhamel*. Il a viré, le son s'est éloigné avec son capitaine. Joseph Lecœur a remonté son caban, mais n'a pas bronché. Ce jour-là, le père et le fils se sont croisés sans se voir.

Un autre a percé la brume. Il s'approchait. L'homme sur le gaillard a fait de grands signes. Droit devant, sa silhouette a surgi du brouillard. Il est passé à moins de cent mètres, nous a salués avec son porte-voix. C'était un de Fécamp, un autre « bandes rouges », avec ses deux lignes sur la cheminée, celles auxquelles Joseph Duhamel tenait tant. Puis l'ombre du *Bois-Rosé* a pâli et s'est estompée. La veille a repris à la passerelle. Chacun de notre côté, avec nos yeux nous essayions de percer l'horizon opaque. Les cornes reprenaient. Le capitaine traçait les relèvements de sonde et donnait les caps à suivre. Le radio attendait le signal radiogoniométrique de cap Race qui nous permettrait de confirmer l'estime de notre position. Il en profiterait pour saisir les demandes des autres bateaux. On saurait ainsi où ils se trouvent. En mer, il faut toujours être bien informé sur la position des confrères. On va là où la pêche est bonne.

Joseph Lecœur était un très bon capitaine. Il n'avait qu'un défaut. Il était juste un peu pagaille. Quand on file le chalut, il faut toujours garder le même cap, pour ne pas que les câbles s'emmêlent. Lui, avait tendance à en changer constamment. Régulièrement, il fallait les remettre en place. J'en étais chargé.

Un jour de brume, on est tous un peu tendus. Le capitaine m'a interpellé du haut de la passerelle : « Non pas comme ça, petit. »

Je me suis tourné vers lui, excédé : « Si vous voulez prendre ma place, je peux prendre la vôtre. »

Il se tenait droit, me regardait.

« Petit, quand tu auras un moment, tu viendras me parler. »

Je suis monté. Le capitaine m'attendait. Il m'a expliqué que pour les câbles, il était d'accord avec moi, mais que l'on ne répond pas ainsi à son capitaine. Il avait raison et je n'avais rien à répondre. Comment lui dire, que je regrettais mes voyages sur le *Charles-Prentout* et René Lemaître avec qui je passais des heures à ausculter les cartes, les courants, la mer.

Quelques années plus tard, j'allais revenir à Saint-Malo et j'y embarquerai dans des conditions bien différentes. Mais, à cette époque, j'étais loin de me douter que cette ville prestigieuse allait devenir, un jour, mon nouveau port d'attache.

15

Mais finalement, les hommes sont souvent différents à terre.

1952, Les Mureaux.

Malgré la bruine de décembre, André et René m'attendaient au coin de la place du Bout-Menteux. C'était toujours là que les vieux marins de Fécamp se retrouvaient l'après-midi. Mais la journée était bien avancée, et les quelques réverbères avaient du mal à percer l'obscurité. Je sortais de la sécherie où j'avais trouvé du travail en débarquant de mon dernier voyage et en attendant de partir au service militaire.

Ce soir-là était le dernier avant le départ pour l'armée. Tout allait s'arrêter pendant dix-huit mois. Avec André et René, qui avaient déjà fait leur service militaire, on avait décidé qu'après les bains-douches où je m'arrêtais toujours après mon travail, nous irions, avant de rentrer, boire un verre sur le port.

En sortant du bar, nos vélos avaient du mal à nous soutenir. Au bout de la rue, deux jeunes femmes approchaient. On les a interpellées. La tête haute, elles se sont retournées et ont passé leur chemin, en faisant semblant de ne pas nous voir.

C'étaient nos épouses. Nous n'aurions jamais dû passer par là.

L'année précédente, j'avais rencontré ma femme au bal d'Yport. Yport est un petit port à côté de Fécamp. À peine abritées par un simple cap, les embarcations de pêche s'y échouent sur une plage de galets. On les pousse à marée montante pour les mettre à l'eau. Et, sur la jetée, les hommes en casquettes et vareuses racontent leurs journées de pêche.

Ma femme venait d'une famille de marins. Mais son père n'avait pratiquement jamais navigué. Il avait fait la guerre de Salonique à vingt-deux ou vingt-trois ans et souffrait depuis de la tuberculose. Il est décédé peu avant la célébration de notre union. Je n'ai pas eu le temps de lui parler. Les deux sœurs de ma femme auraient également pu être sauvées grâce à la pénicilline. Mais elles sont mortes avant le débarquement américain. Ma belle-mère avait perdu ses deux enfants, son mari. Il ne lui restait plus qu'une fille. Elle ne s'est jamais remariée et a porté le deuil toute sa vie.

Nous nous sommes réunis rue de Mer après la célébration. La famille au complet. Pour mon mariage, j'avais mon beau costume pied-de-poule, celui que je porte sur la photo de mon livret maritime.

J'ai fait mes classes à Pont-Réan en Ille-et-Vilaine. Mais, heureusement, j'étais chargé de famille. Mon premier fils venait de naître et j'ai pu choisir mon affectation.

On m'a proposé Paris, mais je ne voulais pas y aller. La vie y était trop chère et j'y aurais fait le planton pendant tout mon service. J'ai été affecté à l'une des trois bases aéronavales qui servaient à l'armée, aux ministres et aux hauts fonctionnaires pour leurs déplacements en France et en Europe. J'étais garçon de salle du restaurant des sous-officiers des Mureaux, à proximité de la capitale.

Peu de temps avant mon arrivée, suite à différents problèmes la hiérarchie avait supprimé le bar. J'ai proposé de m'en occuper à condition d'avoir carte blanche pour la gestion. En peu de temps, l'affaire a roulé. Les bénéfices permettaient de compléter ma maigre solde que j'envoyais rue de Mer. Ma grand-mère était morte, mais nous avions gardé la maison où vivaient maintenant ma mère, mes cinq sœurs, ma femme, notre fils et mon petit frère qui venait de naître. Mon beau-père, lui, était parti.

Dans beaucoup de familles, la Seconde Guerre mondiale et l'Occupation ont fait beaucoup de mal, trop de mal. Finalement, ma mère et mon beau-père se sont séparés quelques mois après la naissance de mon petit frère.

Certaines choses sont difficiles à raconter. Disons que la vie à la maison était devenue intenable.

En débarquant de mon dernier voyage, j'avais trouvé ma mère en pleurs. La maison était partie pour dettes.

Je connaissais l'homme à qui mon beau-père avait emprunté de l'argent et donné la maison en caution. Il venait d'Yport comme ma belle-mère. Je suis allé le trouver, sa femme aussi était là. Ils m'attendaient dans la cuisine. Le café chauffait sur la gazinière. Nous avons un peu parlé. Puis j'ai posé l'argent sur la table en bois ciré, un silence s'est installé. L'horloge du salon a sonné trois coups.

C'était un capitaine et je savais qu'il était très dur. Mais les hommes finalement sont souvent différents à terre. Il est sorti de la pièce, est revenu avec la reconnaissance de dette. J'ai compris plus tard qu'il pensait bien que je viendrais le rembourser.

À l'armée, les officiers ravis de la réorganisation du bar m'ont fait une faveur : ramener mon temps de service de dix-huit à seize mois. J'étais bien content. Il fallait que je navigue, j'avais des bouches à nourrir.

16

Les hommes y emmenaient les femmes et leur racontaient les voyages.

1954, Fécamp.

Les cloches sonnaient à la volée sur Fécamp. Dans toutes les maisons, les familles s'habillaient, se préparaient pour la Saint-Pierre des marins.

Au retour du service, j'avais recommencé à naviguer. Fin 1953, j'avais trouvé *L'Indépendant*, un bateau de vingt-cinq mètres qui faisait la pêche au hareng au filet dérivant. Une navigation dure, en plein hiver et de nuit. Puis je suis reparti pour un voyage court comme second sur *L'Aunis*. J'ai débarqué en novembre 1953 et fin janvier 1954, j'étais engagé sur le *Charles-Prentout*. Je retrouvais René Lemaître comme capitaine.

Pour la première fois, j'allais embarquer au moment de la Saint-Pierre des marins, la fête en l'honneur des premiers terre-neuvas de l'année. Conformément à la convention collective, les départs sur Terre-Neuve ne pouvaient alors pas se faire avant le 15 février et la date limite de retour était fixée au 20 décembre.

Autour du 15 février, les chalutiers étaient tous prêts à partir et la ville vivait alors au rythme des bateaux. Juste avant la guerre, il y avait cinquante-sept chalutiers. Dans les années cinquante, il en restait une vingtaine, pour une bonne dizaine d'armements : les Pêcheries de Fécamp, la Morue Française, l'armement Ledun, Prentout, Soublain...

Quand les bateaux devaient appareiller, ça faisait du monde sur les quais.

Certains marins venaient de loin. Ils arrivaient par le train et pendant le voyage, les bordées étaient fréquentes. Les contrôleurs connaissaient les dates, ils avaient l'habitude. Parfois les familles accompagnaient les hommes jusqu'au moment de l'embarquement ou de la visite de l'armement qui se déroulait deux jours avant le départ. L'officier de l'Inscription maritime, en présence de l'armateur, lisait la convention collective. Après avoir signé, ils recevaient leurs deux mois d'avance. Ce versement était à l'origine prévu pour que les marins aient de quoi constituer leur sac de mer et acheter le nécessaire : cirés, bottes et vêtements chauds pour affronter les bancs. Les femmes souvent les accompagnaient. Elles surveillaient que l'argent ne soit pas bu au bistrot.

Au moment de la Saint-Pierre, se tenait toujours une grand-messe avec au premier rang tous les armateurs. Pour l'occasion, l'archevêque de Rouen descendait à Fécamp. On suivait la procession qui s'en allait, bannières au vent, jusque sur les quais. Puis l'évêque bénissait les bateaux. La Saint-Pierre des marins, c'était l'affaire de toute la ville et même de plus loin. Les gars venaient de la campagne, de tous les villages voisins pour partir ou voir partir les autres. Du mousse au capitaine, en passant par les prêtres, le sénateur et le député, tout le monde était là. Même ceux qu'on n'avait pas vus depuis des lustres et que l'on croyait morts. La fête commençait par enfiler son meilleur costume. Avec ou sans argent, tous allaient pardonner. Entre copains, la coutume voulait que chacun mette ce qu'il avait dans la poche, puis on partageait. Toutes les tavernes étaient bonnes à assiéger. Et les quais retentissaient jusque tard la nuit. À la fin de la journée, le bal s'ouvrait. Les hommes y emmenaient les femmes et leur racontaient leurs voyages.

Lors de mon premier embarquement pour Terre-Neuve, ma mère m'avait accompagné à la visite de l'armement. J'étais mineur et elle avait dû signer les papiers à ma place. Elle avait les larmes aux yeux. Pour ce départ sur le *Charles-Prentout*, c'était mon fils aîné qui était avec moi, le deuxième n'était pas encore né. Jean-Marc, lui, allait bientôt avoir deux ans, c'était sa première Saint-Pierre des marins.

17

Les fjords se découpaient dans la
nuit zébrée d'une aurore boréale.
Le ciel éclatait, illuminait la mer.

1954, « Charles-Prentout ».

Nous avons laissé les Shetlands. Le soleil froid ne passait la ligne d'horizon que pendant de faibles heures. Le ciel était chargé. Les gris et les ombres chinoises de la côte qui se découpait à l'ouest... À tribord, un grain s'est levé, a barré l'horizon. Il approchait. La pluie s'est transformée en grêle. L'homme sur le gaillard s'est recroquevillé.

Le 17 février 1954, nous avions appareillé du Havre pour la mer de Norvège. Si le premier voyage de l'année se faisait généralement vers Terre-Neuve, certains allaient aussi en mer de Norvège, où l'on trouve la morue de l'Arctique.

Le baromètre continuait de descendre. Le bateau plongeait dans la vague, se redressait et la proue s'enfonçait à nouveau. Les lames explosaient comme des coups de canon. Nous nous sommes mis à la cape.

J'étais allé en mer de Norvège comme matelot léger sur le *Cap-Nord*, mais pour de courtes marées. Je savais que c'était une mer difficile, surtout en hiver. Là, nous allions y passer plusieurs semaines. La mer du Nord est parfois très mauvaise quand on la traverse du sud vers le nord. En janvier, les dépressions sont fréquentes. On fait alors route plus sud.

À Terre-Neuve, les vents dominants sont sud-ouest à nord-ouest, la terre est au vent. Elle nous protège un peu. Mais les pires tempêtes sévissent en mer de Norvège. La mer est souvent très grosse, avec des vents de cent vingt kilomètres à l'heure et des creux de dix à douze mètres.

Pendant les tempêtes, un bateau peut rester plusieurs jours à la cape, parfois même une semaine. À la cape, il faut toujours être en alerte, capeyer c'est tout un art. On ne se met pas tout à fait face au vent, un peu de biais à vingt ou trente degrés. Il faut épauler la lame, régler la vitesse pour ne pas aller trop vite, de façon à ce que le bateau n'abatte pas d'un seul coup. La passerelle doit toujours être prête à manœuvrer. Si une vague arrive un peu plus forte, il faut augmenter la vitesse de cinq, dix ou vingt tours pour ne pas mettre en travers. En principe, la cape se tient entre un nœud cinq et deux nœuds maximum. Mais, au bout de quelques jours, le bateau peut ainsi faire beaucoup de route. On se met alors vent arrière. C'est-à-dire qu'on laisse arriver. Mais de jour, jamais de nuit. Sur les classiques, la vague peut entièrement recouvrir le bateau par-dessus la lisse. Quand elles déferlent, on accélère pour qu'elles ne submergent pas le bateau.

Le bateau roulait, tanguait, mais le baromètre remontait. Le vent avait molli. La dépression s'éloignait. La prochaine ne tarderait pas. Et nous allions ainsi passer des semaines dans l'obscurité et les coups de vent.

Soixante-quatre degrés nord, au large des Lofoten, nous avons mis en pêche. Sans succès. Le chalut ne contenait que des faux poissons : du flétan et des ânons. Et parmi eux, quelques rares morues. L'équipage était déçu, pas d'ardeur au travail. Nous avons mis à refiler. La tache de morue est réapparue sur le sondeur. Puis nous l'avons perdue à nouveau. L'attente, l'inconnu, le banc était un peu plus loin. Il fallait recommencer à seulement quelques dizaines de mètres. Cette fois, le chalut était plein de morue. Mais elle était trop petite.

Le capitaine a décidé d'approcher de la côte. Les fjords enneigés se découpaient dans la nuit zébrée d'une aurore boréale. Le ciel éclatait, illuminait la mer. René Lemaître scrutait le sondeur, il voulait trouver un nouveau coin. Il a pris les cartes, cherchant les fonds autour de deux cents mètres. Là où évolue la morue. Parfois, on la trouve dans de plus grandes profondeurs.

Mais les fonds risquaient d'être caillouteux. Il fallait changer le gréement du chalut.

La danse recommençait. Les câbles tendus vibraient aux passages difficiles. Le capitaine, la main sur le chadburn, était prêt à mettre en arrière.

Soudain, la carcasse du bateau a frémi. Le chalut avait croché le fond.

Nous venions de quitter la cape, à peine deux cents tonnes dans la cale et un fond crevé. Sur les fonds durs, la tension permanente provoque des distorsions et des différences de parallélisme qu'il faut surveiller. Temps perdu. L'ambiance était médiocre.

Heureusement, René Lemaître était un très bon pêcheur. Un chercheur de nouvelles zones de pêche, mais il s'interrogeait également sur la modernisation du matériel. Au début de ma navigation, les chaluts que nous avions dataient de 1938. Ils avaient été créés par un capitaine de pêche et se dénommaient « G38 », en l'honneur de cet homme qui s'appelait Auguste Guerrand. Ils offraient assez peu d'ouverture verticale, c'est-à-dire un mètre cinquante environ. Avec René Lemaître, nous avons passé notre temps à essayer de les améliorer. Nous souhaitions agrandir l'ouverture. Nous avions imaginé de nouveaux réglages, sur les poneys et les divergents. De deux ralingues, nous sommes passés à quatre. Mais avec quatre ralingues, les mailles se tordaient. On s'est rendu compte qu'il valait mieux intervenir sur les pièces du chalut lui-même. Nous avons changé la taille du recouvrement du dos, des ailes et c'était beaucoup mieux.

Ces recherches étaient passionnantes, j'aurais bien aimé les poursuivre, mais je devais encore une fois quitter René Lemaître.

18

On sait que certains se couchent pendant les tempêtes. On ne l'oublie jamais.

1955, « Viking ».

Quai de la Vicomté, l'armateur des Pêcheries de Fécamp m'attendait. Le *Charles-Prentout* avait été vendu, René Lemaître allait recevoir dans quelques mois un autre bateau. Moi, je devais chercher un autre embarquement. J'allais retrouver mon premier armement, celui du *Joseph-Duhamel* sur lequel j'avais embarqué dix ans auparavant.

Joseph Duhamel, le fondateur des Pêcheries avait peu à peu laissé la direction de l'armement au mari de sa petite-fille, Jacques Mazoyhié. Mazoyhié, je le connaissais depuis toujours. Il habitait rue de Mer, à deux pas de chez nous. Lui aussi avait grandi en respirant l'air du port. Mais il était issu d'une famille bourgeoise. Sa sœur infirmière venait parfois à la maison quand il y avait des soins à donner. C'était un homme d'honneur, très brillant. Il avait fait HEC. Puis il s'était marié. À la suite d'un accident de voiture, il avait une jambe raide et ne conduisait plus. De nombreuses années s'étaient écoulées depuis notre dernière rencontre. J'étais second, il était armateur. Quand il m'a vu arriver sur le quai, il m'a interpellé : « Dis-moi, Leborgne, tu es toujours en retour, tu t'en souviens ? »

Depuis 1946, je n'avais pas remboursé aux Pêcheries de Fécamp mon sac de marin acheté à Saint-Pierre. Bien sûr que je m'en souvenais. Mais, après quatre mois de campagne à laver de la morue, je considérais que j'avais travaillé assez dur pour ne rien leur devoir. Les choses étaient dites. On n'y reviendrait plus.

Le 21 août 1955, nous sommes partis pour Terre-Neuve. J'appréhendais ce voyage. Je savais que le capitaine était un homme extrêmement dur.

La traversée s'est déroulée calmement. Personne ne parlait beaucoup. Mais à la passerelle, chacun se jugeait et attendait. Le *Viking* était un bateau sur lequel l'armement avait mis tout ce qu'il y avait de mieux comme instruments de navigation. Je découvrais le gyrocompas, beaucoup plus fiable que son ancêtre le compas magnétique qui se dérègle facilement. Nous avions également un radar. Mais ça faisait dix ans que je naviguais sans, et je m'en méfiais.

À plusieurs reprises, les deux sont tombés en panne. Heureusement, le nouveau radio était formé à l'électronique. Nous l'avons laissé s'en débrouiller. Il ne faut jamais se fier à l'écho de l'appareil. Ce n'est pas parce qu'on a un radar qu'il n'arrivera rien. Ce sont des aides à la navigation. C'est tout.

À bord, la tension montait. Le capitaine me reprochait de saboter le radar. Quand il fonctionnait, il m'interdisait de m'en servir. Sur les bateaux où j'avais embarqué, tout se passait bien. Les capitaines étaient des gens avec qui l'on arrivait toujours à s'entendre. Mais sur celui-là, ce n'était pas la même histoire.

Nous approchions des côtes. Et le baromètre s'est mis à tomber. Je commençais à connaître les coups de vent et je savais que c'est toujours dangereux d'être près d'une terre avec très gros temps. Les lames ralentissent, mais le vent les pousse vers la côte et elles grossissent à mesure qu'elles approchent. Dans ces cas-là, il vaut mieux rester au large.

C'est là en pleine tempête, alors que nous étions près de Saint-Jean de Terre-Neuve, que le capitaine a décidé de ne plus mettre en cape, mais de laisser arriver. On s'est mis vent arrière. Il est redescendu dans sa cabine sans se rendre compte que le temps durcissait et que la mer était très grosse. Le *Viking* était un chalutier classique moderne, mais très mal foutu. Excessivement dangereux vent arrière, il mouillait beaucoup. Deux ou trois fois, nous avons empli d'eau. Vent arrière, c'est la plus dangereuse des allures. Pendant les tempêtes, tout est fermé hermétiquement, tout est verrouillé de l'intérieur. Pas une goutte d'eau ne peut entrer dans la cale. Mais les ponts sont grands sur les chalutiers et quand la mer embarque, ça représente une sacrée surface, avec des centaines de tonnes d'eau. Si tout est sur un bord, on sait que certains se couchent. On ne l'oublie jamais. Ces histoires-là courent de bateau en bateau et elles remontent dans la tête des marins quand ça commence à cogner.

Dans ces cas-là, il faut stopper. Mettre en travers, de façon à ce que le bateau roule sur un bord et se vide de son eau. Puis on remet en route, reprend le cap, en réglant sa vitesse.

Mais le vent fraîchissait toujours et le capitaine, lui, restait dans sa cabine à dormir. C'était donc moi le responsable. Et c'est moi qui allais dérouiller si jamais il se passait quelque chose. Chaque quart d'heure, je renouvelais la même opération. Je stoppais, mettais en travers. Le bateau roulait et se vidait de son eau. Puis je repartais. Lui, ne remontait toujours pas. Il est enfin venu sur la passerelle et s'est étonné de la manœuvre.

« Interdit de stopper, maintiens le cap et ne touche plus à rien. Si t'as peur, tu n'as qu'à plus naviguer. »

J'ai pris les hommes de quart à témoin. À chaque fois que surgissait un problème avec ce capitaine, je le notais sur le journal de bord afin de prendre mes précautions.

« Le capitaine m'interdit de me servir du radar, le capitaine m'interdit ceci, cela. »

Évidemment, au bout de dix minutes il y avait de l'eau jusque dans les postes avant. En continuant comme ça, le bateau allait s'alourdir, il ne se viderait plus.

D'un seul coup, il remonte à la passerelle.

« Bâbord toutes, bâbord toutes, mettez-vous en cape ! »

On était à deux doigts de se saborder.

Je préférerais aller pêcher des moules et des bigorneaux dans les rochers que de continuer avec un individu pareil. Il harcelait ses hommes pour un rien et particulièrement ses seconds. L'armement avait dû se débrouiller avec l'administrateur pour le laisser naviguer, car il était complètement myope. Il passait sa journée à gueuler « qu'on allait crever le fond », « qu'il était crevé », c'est-à-dire que l'on avait déchiré le chalut. C'était vraiment un drôle de personnage.

Mais c'était un bon pêcheur. Rien que pour ça, on devait le respecter.

À la fin du voyage, je suis allé voir mon armateur. Ça allait mal se terminer. Mazoyhié m'a demandé de rester. Il souhaitait me voir devenir capitaine. Pour entrer au cours en fin d'année, j'avais besoin de mon temps de navigation. Il fallait que je tienne encore un peu.

Je suis donc reparti encore une fois. Mais au bout de quinze jours, il est redevenu un sale type. C'était mon dernier voyage avec lui, je le rembarrais tout le temps. Je savais que je ne le reverrais plus.

Nous avons fait escale à Saint-Jean de Terre-Neuve pour le ravitaillement, le port canadien de l'île de Terre-Neuve. Les Français n'y sont pas très bien vus et nous n'étions jamais sûrs de nous amuser. Nous n'aimions pas beaucoup nous y arrêter.

En principe en escale, on passe toujours une nuit à terre. Ce jour-là, le capitaine a décidé d'appareiller à dix-sept heures en fin d'après-midi. Il l'a affiché, comme le veut le règlement. Mais une partie de l'équipage ne se trouvait plus à bord. Au moment de l'appareillage, il manquait une quinzaine de marins. Le capitaine a alors demandé au pilote de nous laisser sur rade, d'aller chercher les hommes avec la vedette. Deux heures plus tard, il convoquait tout le monde sur la passerelle et a allongé une baffe, à lui faire sauter la tête, au plus jeune des novices. Un autre marin costaud comme une armoire à glace s'est avancé : « Allez-y, frappez-moi. Mais moi je vais vous répondre. »

Ce sale type n'a pas osé. Il s'est tourné vers moi et s'est mis à crier, cherchant à me prendre à témoin pour cet acte de rébellion qu'il voulait noter sur le journal de bord. Ma réponse a été simple : « Je vous ai bien vu frapper un jeune novice, pour le reste, je ne suis au courant de rien. »

On en est restés là.

19

J'avais encore ma réputation de laveur de morue à l'eau chaude.

1956, « Bois-Rosé ».

Nous marchions vers l'ouest, le regard, devant nous. Le bateau filait onze nœuds, comme un animal de chasse. Pour la première fois, je me sentais libre. Libre sur la mer, et je pensais au fou de Bassan qui se fond dans l'azur. J'étais capitaine, pour moitié seulement, mais capitaine quand même. Le 28 octobre 1956, les Pêcheries de Fécamp m'avaient confié le *Bois-Rosé*, un grand chalutier de soixante-quatorze mètres de long.

À la fin de ces deux voyages sur le *Viking*, j'avais mon temps de navigation nécessaire pour passer la première partie de mon brevet de capitaine, la partie application. La plus difficile. Normalement, dès vingt et un ans, après soixante mois de navigation, les marins peuvent passer la partie application et la théorie. Mais il est possible de commencer à commander avec la partie application, valable pendant deux ans. Ensuite, ils doivent retourner au cours pour valider l'autre partie. Dans la marine, on alterne toujours, théorie et navigation.

Le plus dur lors d'un premier commandement est le recrutement des hommes. Les anciens marins hésitent toujours à s'embarquer avec un capitaine qu'ils ne connaissent pas ou qui n'a pas encore fait ses preuves. Heureusement, je m'étais taillé une très bonne réputation à la manœuvre pour virer le chalut et j'avais avec moi d'excellents marins pour les deux postes les plus importants : celui de saleur et de trancheur. Pour le reste de l'équipage, je devais m'en accommoder.

Un capitaine de pêche est un homme seul. Un commandant de la Marine marchande sait toujours où il va. Sa route est tracée sur les cartes. Nous, nous devons trouver le poisson dans l'océan et revenir quand les cales sont pleines. Aucune route n'est tracée pour nous.

À la passerelle, l'horizon était clair, dégagé. La lumière des étoiles qui ont disparu depuis des millions d'années brillait dans la nuit. L'univers est complexe. Entre le ciel et la mer, on ne peut se raccrocher à rien. Dans les moments difficiles, on doit seulement se dire que l'on va s'en sortir. Parce qu'on s'en est toujours sorti.

Difficile de se livrer dans ce métier. On est assez proche de celui avec qui on fait le quart. On peut discuter avec lui. Mais pour ne pas vous contrarier, il va toujours dans votre sens. Parfois, il ne répond même pas.

À cinq mille kilomètres de la métropole, on est seul maître à bord. Savoir commander, c'est toujours être sûr de soi, toujours savoir où aller.

Mais, depuis quelques jours, je cherchais et ne trouvais pas les bancs. L'équipage, les plus vieux, les plus coriaces, commençaient à douter : « Un peu jeune ce capitaine. »

Je serrais les dents. J'avais la responsabilité de soixante hommes plus âgés que moi sous mes ordres. Il fallait que je réagisse vite. Que je montre aux plus coriaces que je n'étais plus un jeune mousse. Je savais aussi qu'à force de virer sur zone, les bancs allaient s'éparpiller.

J'ai alors décidé de changer de coin, de faire route vers le Labrador. Seul. La province du Labrador se situe sur le continent, à l'extrême nord-est du Canada. Elle est réputée pour son climat instable et ses sautes d'humeur. Les températures y descendent entre moins cinq et moins trente degrés plus de six mois de l'année. Nous étions au cœur de l'hiver, au moment le plus froid, et les hommes se sont mis à douter encore plus. D'autant qu'il fallait chaluter au milieu des icebergs. Nous risquions de ne rien trouver et de provoquer beaucoup d'avaries.

Heureusement, au milieu des glaces, le chalut a enfin remonté vingt tonnes de morues. Il était temps. Je n'avais que vingt-cinq ans et j'avais gardé ma réputation de laveur de morue à l'eau chaude. Elle me venait de mes débuts comme mousse sur le *Joseph-Duhamel*. Et cette histoire d'eau chaude m'a longtemps collé aux bottes.

20

Quand on casse, on ne le dit pas, les collègues le savent, mais pas l'armateur.

« Bois-Rosé », Labrador.

Le Labrador, pour tous, c'est d'abord un cimetière à chaluts. J'avais décidé de prendre ces risques, parce que les Pêcheries de Fécamp venaient d'équiper leurs bateaux de chaluts en nylon et de sonars.

Grâce au nylon, je pouvais monter au Labrador, à soixante degrés nord, dans la baie Notre-Dame. Avant la guerre, personne n'était allé dans cette zone. Elle était réputée pour son absence de fonds doux. Les fonds doux sont constitués de sable ou de vase, où l'on ne risque pas d'abîmer son chalut. À cette époque, les chalutiers ne disposaient pas de sondeurs perfectionnés. Ils faisaient parfois un trait comme ça au hasard. Mais c'était tout.

Il y a là-bas de nombreux coraux. Cela ressemble à de véritables forêts sous-marines et ça coupe comme des lames de rasoir. Les fonds sont également très caillouteux à cause des icebergs. Certains atteignent cent mètres de haut. Et en dessous de la surface de l'eau jusqu'à sept ou huit fois leur volume extérieur. Quelquefois, ils s'échouent en descendant vers le sud, où il y a moins de fonds. On les voit faire marée, c'est-à-dire qu'ils s'inclinent comme une bouée dans le courant. En partant de Terre-Neuve, on ne les croise que le long de la côte, puis ils redescendent et on les voit un peu partout. En venant du nord, ils entraînent dans leur dérive des rochers. Lorsque la glace fond, ces cailloux se détachent. On a travaillé dans des endroits où l'on considérait que c'était des bons fonds. Deux ou trois ans après, on trouvait des cailloux qui n'existaient pas avant. Les chaluts en nylon étaient plus solides que ceux en manille que nous utilisions auparavant. Je suis donc allé là où personne ne voulait aller.

Mazoyhié, l'armateur, avait également souhaité équiper tous les bateaux d'un sonar. Cependant, il n'était pas très efficace. À chaque fois que le faisceau rencontrait une zone froide ou plus chaude, il remontait, nous trompant ainsi sur le positionnement du fond.

Avant de partir, j'avais même tenté l'expérience avec le représentant allemand qui les vendait. Il disait que je ne voulais pas utiliser son appareil. Au lieu de me fâcher avec cet homme, j'ai préféré qu'il m'accompagne pour les essais. Il dirigeait le navire en fonction des indications reçues par son sonar. J'ai donc suivi ses instructions.

« Capitaine, dix à gauche. Capitaine, dix à gauche. »

Toutes les dix minutes, c'était dix degrés à gauche. À force de faire dix à gauche, dix à gauche, on a fait cent quatre-vingts degrés, et l'on s'est retrouvés complètement à l'opposé. Du nord, nous étions arrivés cap au sud. Et toujours pas de détection au sondeur vertical. Je n'ai rien dit. Pendant toute la manœuvre, il avait les écouteurs sur les oreilles et les yeux fixés sur le cadran. Puis je lui ai tapé sur l'épaule.

« Alors, monsieur l'ingénieur, on fait quoi maintenant ?

— Pourquoi capitaine, beaucoup de poissons !

— Sûrement des poissons volants. Tout à l'heure, on était cap au nord, et maintenant on est cap au sud, et on a toujours pas vu un écho au sondeur vertical. »

Comme il n'était pas borné, il s'est rendu à l'évidence. Cet appareil n'était pas adapté aux fonds excédant cinquante mètres. Il était bien pour détecter les sous-marins pendant la guerre. Mais à cette époque, il n'était pas encore au point pour trouver le poisson dans de grandes profondeurs. On pouvait éventuellement l'utiliser pour pêcher du hareng dans les petits fonds. Pour la morue qui évolue parfois au-delà de trois cents mètres, ce n'était pas possible.

Quatre navires de la compagnie avaient reçu le même sonar. J'étais au Labrador, les autres au Groenland dans les petits fonds. Cela ne fonctionnait pas non plus. Ce sont toujours les sondeurs verticaux les plus fiables. En marchant trop vite, on ne détecte rien avec les sondeurs horizontaux.

Comme j'assurais toujours mes arrières, je savais que même si je cassais un peu, je finirais bien par réussir à baliser le coin. Mais cette année était la bonne, parce que par la suite, à chaque fois que j'y suis retourné, je n'ai rien trouvé. Quand on casse, on ne le dit pas, les collègues le savent, mais pas l'armateur. Si, parfois quand on rentre. Ni le capitaine ni l'équipage ne payent la perte d'un « cul crevé ». Mais pour autant ça ne regarde pas l'armateur. La seule chose qui compte, c'est ce que vous avez dans les cales.

21

Ils ont tous les deux été enterrés avec la tête bandée, il y a comme ça des coïncidences étranges.

1957, Fécamp.

« De combien avez-vous besoin ? »

La question est tombée sans que je m'y attende. Mazoyhié me regardait fixement. Il me proposait un prêt d'honneur pour retourner à l'école d'hydrographie de Fécamp afin de décrocher la partie théorique du brevet de capitaine. Je devais le rembourser sur ma première campagne. C'est une pratique courante pour s'attacher de bons officiers. Mais retourner en cours impliquait l'arrêt momentané de la navigation. Ce n'était possible que si vous aviez mis de l'argent de côté ou si votre armateur vous proposait de vous en prêter.

Il n'était pas question pour moi de m'arrêter. J'étais chargé de famille avec trois enfants. Ma mère et mon beau-père venaient de décéder, et j'étais devenu tuteur de mes trois petites sœurs et de mon petit frère.

Ma mère s'est éteinte en 1957, deux ans après mon beau-père. Elle avait quarante-six ans. Les médecins n'ont pas trouvé tout de suite ce qu'elle avait. Elle était comme dans un coma profond. Une infirmière de l'hôpital de Rouen pensait que cette femme avait dû boire beaucoup pour être dans cet état. Devant tant de bêtise, je l'ai fait transférer immédiatement à Paris à la Salpêtrière. Ils ont alors diagnostiqué une tumeur au cerveau de la taille d'une orange. Elle s'est fait opérer trois fois. On savait qu'après chaque intervention, le temps était compté. Je l'ai raccompagnée à Fécamp, en ambulance. À peine rentré chez moi, les infirmières m'ont appelé. C'était fini.

La veille des funérailles, en la voyant, sa sœur s'est arrêtée net, figée dans un souvenir précis : celui de son père au moment de son décès. En tombant du pont dans le fond de la cale, mon grand-père s'était brisé la tête. Père et fille ont tous deux été enterrés avec le crâne bandé. Il y a comme ça des coïncidences étranges.

Le lendemain de l'enterrement, un des frères de mon père a souhaité me revoir. Il m'a invité à déjeuner chez lui. Il était installé comme tailleur à Fécamp. De la salle à manger la porte entrouverte dévoilait une partie de son atelier, sa table de coupe et ses rayonnages de draps. Dans la pièce, le silence pesait. J'avais beaucoup hésité à venir. Je savais que pendant toutes ces années, il n'avait jamais levé le petit doigt pour aider ma mère. Mais je savais aussi que ma grand-mère paternelle avait déshérité ses premiers enfants, au profit d'un fils qu'elle avait eu hors mariage et à qui elle avait légué tous ses biens. L'histoire se refermait également sur mes oncles paternels. Comme moi, aucun d'eux ne retournerait dans cette maison du haut Fécamp habitée par un demi-frère qu'ils n'avaient jamais vu.

Bien évidemment, de braves gens s'étaient crus obligés de me rapporter cette histoire. J'avais accepté l'invitation de mon oncle. Je voulais bien croire qu'il avait besoin de parler. Mais la conversation a été brève, dès qu'il a commencé à évoquer mes parents, je l'ai interrompu. Leur histoire ne regardait personne. S'il voulait continuer à me voir, il ne fallait surtout pas qu'il me parle du passé. Il n'a rien répondu, mais s'est dirigé vers un petit secrétaire et m'a tendu une enveloppe dans laquelle je l'avais vu glisser une photographie. J'ai reconnu ma mère, plus jeune. L'homme à son côté était mon père. N'ayant gardé de lui que le souvenir d'une vague silhouette qui venait à la sortie de l'école nous apporter des bonbons, je réalisais que je n'avais jamais cherché à imaginer à quoi il pouvait ressembler.

Tout le monde disait que j'étais le portrait de ma mère. Et je découvrais que je tenais mes cheveux blonds de lui, et peut-être également quelque chose dans l'expression. Mais cette image m'était étrangère. C'était celle d'un couple heureux dont je n'avais aucune mémoire. Ce portrait rayonnant d'un bonheur fugitif était mon seul héritage. J'ai confié la photographie à ma sœur aînée et à son tour, elle l'a rangée dans un tiroir.

Rien ne réparerait le passé, il fallait avancer et ne pas s'arrêter. Et avant tout, je devais assumer mon rôle de père et de jeune tuteur. Dans un premier temps, mes sœurs et leur petit frère sont restés dans la maison de la rue de Mer. Ces quatre enfants-là s'adoraient. Mais, peu à peu, la famille s'est disloquée. Les deux aînées se sont mariées. L'une a pris sa petite sœur avec elle, l'autre son petit frère. Mais je savais que ça ne collerait pas longtemps. J'avais bien vu avec mon beau-père. Tout allait bien tant qu'il n'eut pas d'enfant avec ma mère. Ensuite, les choses ont changé. Il était devenu beaucoup plus dur avec ma sœur aînée et moi-même.

J'ai acheté une grande maison, rue Jules-Ferry, dans les beaux quartiers de Fécamp. Mon petit frère est venu vivre avec nous et mes trois fils. Il n'avait que six ans. Il est resté avec nous. Comme mes petites sœurs, lui non plus ne manquerait de rien. J'y aurais laissé ma vie s'il l'avait fallu.

22

> Je me disais que si ça marchait bien il y aurait une suite. C'était comme un signe du destin.

1957, « Joseph-Duhamel II ».

Entre les deux chalutiers qui s'étaient positionnés, le doris approchait. La mer était lisse et opaque comme une nappe de mercure. Assis au fond de l'embarcation, ma valise entre les genoux, les épaules du matelot se découpaient sur la grande coque blanche et rouge. Nous étions maintenant tout près, l'échelle de coupée venait d'être lancée. Je montais à bord du *Joseph-Duhamel II*.

J'avais suivi mes cours de théorie en vue d'obtenir le brevet de capitaine. Je n'avais pas les résultats de l'examen, mais mon armateur m'envoyait déjà rejoindre le *Joseph-Duhamel* en mer de Norvège, en pêche dans les parages du Spitzberg. La pratique dans les armements de Grande Pêche est de laisser partir un nouveau capitaine sur une troisième campagne. Si les deux premières sont bonnes, l'armateur ne prend alors pas trop de risques. Le capitaine était souffrant et je devais le remplacer au plus vite. L'armement avait reçu une demande urgente : « Si Leborgne reçu, faites venir. Je ne pourrai pas finir le voyage. »

J'ai pris l'avion pour la Norvège. Puis c'est un bateau de l'armement Pleven de Saint-Malo, en escale dans un port de Norvège, qui m'a embarqué à son bord. Le lendemain, je me trouvais sur zone et la mer étant belle, nous en avons profité pour faire le transbordement. Ce bateau portait le même nom que celui de mes débuts, mais il n'avait que deux ans. J'avais embarqué le 24 août 1945 comme mousse sur le premier et le 24 août 1957 sur le second exactement douze années après, mais comme capitaine cette fois. Je me suis dit que si ça marchait bien il y aurait une suite. C'était comme un signe du destin.

Cependant, les choses ont très mal commencé. Je n'étais pas venu avec mon traditionnel sac de marin acheté à Saint-Pierre et qui ne m'avait jamais quitté depuis, mais avec une valise. Je considérais que c'était plus pratique pour prendre l'avion. Lorsque le capitaine m'a reçu, il n'avait plus l'air très souffrant : « On verra tout, et même des matelots avec des valises ! »

En guise de matelot, c'est un capitaine qu'il recevait à bord. Mais il trouvait que j'avais de trop bonnes relations avec notre armateur. Il me cherchait tout le temps. Je devais commander le bateau au prochain voyage. Je commençais à bien savoir comment on prépare un armement, mais je suis également allé voir tous les responsables du bord pour me donner les différents inventaires. Le patron arrive dans ma cabine, regarde les papiers étalés sur mon bureau : « Ah ben ! te voilà déjà en haut de l'échelle ! Ah ! tu te crois rendu ! Tu verras, tu te casseras la gueule, tu verras ! »

Sa cabine, on l'appelait la chambre à gaz. Il avait un plaisir particulier à y convoquer les hommes pour les engueuler. Toujours le même rituel. Il claquait la porte, jetait sa casquette sur le lit et se mettait à hurler.

C'était un fort gaillard impressionnant et tout le monde le craignait. Il profitait également que l'un de ses officiers se soit mis à picoler pour le ridiculiser. Il lui proposait un verre ou deux, puis l'envoyait sur le pont glissant et le pauvre tombait à chaque fois. Un gars qui est sur la passerelle a toujours du mal à tenir sur le pont, surtout quand on l'a fait boire avant.

Décidément, ce capitaine se portait de mieux en mieux et il n'avait manifestement plus l'intention de quitter le bord. Comme il n'avait pas son diplôme de commandant, il était seulement patron de pêche. La responsabilité de la navigation incombait à son capitaine porteur.

Un capitaine porteur est un marin qui a son brevet de capitaine de la Marine marchande, mais ne connaît pas très bien la pêche. Alors, l'armateur embarque un patron de pêche responsable des prises, pendant que l'autre s'occupe de la navigation. Cette pratique s'est mise en place à une époque où il y avait pénurie de capitaines de pêche. Du coup, c'était le « second » qui était mieux payé que le « capitaine ».

Pendant longtemps, l'administration n'a jamais rien trouvé à redire. Mais dans les années cinquante, un abordage entre deux chalutiers français a causé des pertes de vies humaines. Le capitaine est passé au tribunal et c'est lui qui a tout pris, alors que, pendant l'abordage, le patron de pêche était à la passerelle et c'est lui qui, semble-t-il, n'avait pas émis les signaux phoniques réglementaires.

En embarquant, j'ai pris le poste de capitaine, j'avais mon diplôme. Le capitaine est passé second, et le second, lieutenant. Ils faisaient le quart ensemble et l'ambiance empirait. Ils se détestaient.

Le patron de pêche aimait bien exercer une emprise et soumettre son équipage. Avec ces gens-là, il ne faut jamais leur montrer que l'on peut avoir peur. J'en avais pris mon parti. Mais je me méfiais. Malgré cela, il était bien vu par l'armateur. Comme mon précédent capitaine du *Viking*, c'était un très bon pêcheur. Bien plus que l'argent qu'elle représente, la morue apporte tous les honneurs. Une année, il avait réussi à faire trois mille tonnes, un tonnage exceptionnel à l'époque. Il avait reçu le ruban bleu, l'ultime distinction des capitaines. Ce trophée avait été imaginé par le syndicat des armateurs à la Grande Pêche, pour récompenser les hommes qui rapportaient le meilleur tonnage de morue dans l'année. Il avait gagné ses étoiles d'amiral, c'est ainsi que l'on désigne les meilleurs pêcheurs. Avec ce ruban bleu, depuis, il était devenu le caïd du Grand Banc.

Mon armateur avait eu vent de nos différends.

« Vous savez, il ne m'a pas parlé en mal de vous.

— Je sais bien. Mais il attend. Et au mois de décembre quand je vais rentrer, si je fais un mauvais voyage, il va vous dire qu'il aurait bien aimé vous prévenir. Mais que vous m'avez tellement à la bonne qu'il n'a pas osé. Mais si je réussis, il vous dira qu'il le savait, qu'il savait qu'il réussirait ce petit gars-là ! »

Au retour, je trouve l'armateur. Il se marrait.

« Vous êtes devin, vous. Il m'a dit mot pour mot ce que vous m'avez dit ! »

Avant d'embarquer, je m'attendais à rencontrer des problèmes. Le lieutenant qui partageait ma cabine sur le *Charles-Prentout* avait effectué plusieurs voyages avec ce capitaine. Il lui en avait fait tellement baver qu'il s'était mis à boire et toutes les nuits et faisait des cauchemars. Il se mettait à hurler et bondissait de sa couchette, le visage en sueur. Je réussissais à le calmer, mais la nuit d'après, c'était le même cirque. Il m'avait souhaité de ne jamais connaître ça.

Parfois, c'est dur. Vous avez besoin de travailler. Vous ne pouvez pas changer de bateau sous prétexte que vous ne vous entendez pas avec le capitaine. Alors, vous restez. Sinon, on dit tout de suite que vous ne tenez pas en place. Il y a des capitaines très, très durs. Personne ne parle jamais de ces excès de hiérarchie. Pourtant, ce ne sont pas des choses à faire. Même si on est bon pêcheur. Parfois la chance tourne et il faut pouvoir compter sur ses hommes. Finalement, c'est un officier radio qui l'a fait virer. Je ne suis pas rancunier, ça ne sert à rien la rancune. Mais je n'ai plus jamais adressé la parole à ce maudit capitaine. On n'oublie pas ces choses-là.

23

Il portait toujours une casquette de la Marine marchande.

1958, Fécamp.

Je n'ai pas eu besoin de rembourser Jacques Mazoyhié du prêt d'honneur qu'il m'avait accordé pour que je suive le cours de capitaine. Grâce à mon excellente campagne de pêche sur le *Joseph-Duhamel II*, il m'en a fait cadeau. Et plus jamais nous ne sommes revenus sur l'affaire du sac de marin de Terre-Neuve. J'étais maintenant un capitaine qui revenait avec les cales pleines de chargements qui valaient des millions.

Finalement, on m'a donné le *Belle-Normandie* et c'est le capitaine du *Belle-Normandie* qui a pris le *Joseph-Duhamel II*, parce qu'il était plus récent. Joseph Duhamel, le fondateur des Pêcheries de Fécamp, m'avait reçu pour l'occasion. Il avait laissé la direction des affaires au mari de sa petite-fille, mais continuait de suivre ses bateaux. Ancien capitaine au long-cours cap-hornier, il portait toujours une casquette de la Marine marchande, un costume croisé et un pardessus en hiver. Un grand monsieur. Tous à Fécamp le respectaient.

Mais dans sa famille, les choses avaient l'air plus compliquées. Mon beau-père avait travaillé chez lui. Il était rentré un jour en se marrant. On lui avait demandé parfois des trucs étranges, mais ça non, jamais. Pour embêter sa femme, il nous avait alors raconté que Duhamel lui avait demandé de repeindre leur chambre à coucher tout en noir. Elle était furieuse. Je crois qu'ils ne se parlaient plus beaucoup. Heureusement, sur les quais, la vie était plus simple pour lui.

Il était content de moi : « Je me demande pourquoi, ils ne vous ont pas laissé le *Joseph-Duhamel*, vous avez bien travaillé, je crois. »

La réponse, il la connaissait et je le savais. Mais ses mots m'ont fait plaisir. J'avais bien travaillé, mais le *Joseph-Duhamel* était un bateau récent et je n'avais pas assez d'ancienneté pour pouvoir commander un tel chalutier.

Le *Belle-Normandie* était mon bateau. Je l'avais en pied et il le resterait tant que je marcherais bien.

24

> On lui préparait un bon repas, un poulet, un lapin. On lui servait une blanche.

Pour mon premier équipage, j'avais pris comme second Maurice Henry, le capitaine porteur du *Joseph-Duhamel*. Il venait d'Yport et nous étions devenus proches. Je retrouvais le saleur du *Bois-Rosé*. Mon ami d'enfance André, maintenant spécialiste trancheur-ramendeur, a également embarqué. René, lui, n'a jamais pu partir à la Grande Pêche avec nous. Pendant son service militaire effectué au Maroc, il avait attrapé un microbe qui lui interdisait de naviguer loin des côtes. Il continuait à la petite pêche. On avait une vraie confiance réciproque, mais nos vies s'éloignaient.

Je devais trouver les autres. Le capitaine choisit son équipage, mais l'équipage choisit également son capitaine. Les hommes ne viennent que si vous êtes un bon pêcheur.

En général, le recrutement se déroulait lors des escales à terre. Dans un port, tout le monde se connaît. Les équipes sont composées selon les affinités, afin que tout colle bien. Les gars de la même bordée travaillaient, mangeaient et dormaient en même temps. Dans chaque poste se trouvait la même bordée, de façon à ne pas gêner les autres. Quand on travaillait six heures/six heures, on faisait deux bordées. On alternait les hommes du premier et du deuxième poste d'équipage. Quand on travaillait douze heures, avec six heures de repos, on faisait trois bordées. Toutes les six heures, une partie de la troisième bordée montait sur le pont pour remplacer les autres.

Les listes étaient également préparées pendant les traversées de retour. Pour certains, on ne leur disait pas tout de suite. On les faisait un peu attendre. Ceux qui n'étaient pas trop bons, on les mettait de côté. Mais en général, on n'avait pas besoin de leur dire. Ils avaient déjà compris. Ils savaient qu'ils ne reviendraient pas. Ceux qui doutaient venaient voir pour savoir.

« Ah non ! Rappelle-toi, il y a eu ça et ça. »

Ils n'insistaient pas.

En principe, les marins viennent d'eux-mêmes proposer leurs services. Mais certains capitaines m'ont raconté comment ils allaient aussi dans les campagnes. On aimait bien les recevoir à la maison. Et puis c'était aussi le moment de présenter le petit-neveu ou le cousin, qui justement cherchait aussi à embarquer. On aimait bien que les voisins voient qu'il était là, qu'il était venu vous chercher. Question de fierté. On lui préparait un bon repas, un poulet, un lapin. On lui servait un verre de blanche. L'eau-de-vie du pays. À la fin de la journée, le capitaine revenait à moitié paf, avec le coffre plein de victuailles. Je ne l'ai jamais fait, comme je n'ai jamais embauché mes hommes dans les bistrots. Ceux qui restaient sur le carreau étaient rarement les meilleurs.

Autrefois, du temps des voiliers, c'était une pratique courante. Les capitaines faisaient la tournée des bars des villages voisins pour recruter les hommes qui leur manquaient. Et, sans trop savoir pourquoi, ces gars-là, de boujaron en boujaron, finissaient par signer leur engagement. Parfois la femme attendait la fin des tractations à la sortie du bistrot, afin que son homme ne boive pas trop et ne dépense pas toute la paye, le fameux « denier à Dieu ».

Il était fréquent que les hommes viennent des campagnes voisines. Le Grand Banc, les récoltes meublent une année. Ils étaient rarement très instruits. Lors de l'un de mes voyages, j'avais eu une drôle de surprise.

On faisait route cap nord-est. Je décide de virer de quarante-cinq degrés et de mettre cap à l'est. Je vais à la timonerie, dis à l'homme de barre : « Viens à l'est » et je retourne dans la chambre des cartes pour contrôler mes points. Tout d'un coup, je sens que le bateau fait une violente embardée. Je me précipite dans la timonerie.

« Capitaine, on arrive. Je suis bientôt sur le "S". »

En fait, il avait confondu l'« est » et l'« S ». Il arrivait sur le sud. Il était de toute bonne foi, mais ce gars-là ne savait ni lire ni écrire.

25

Il a demandé des planches et du grillage pour pouvoir le faire à la mer.

Sur le quai de Fécamp, le va-et-vient des camions, des voitures attelées. Sous les cris des mouettes et des goélands, les caisses en bois et les barriques s'entassaient. En mouvement perpétuel, les dockers happaient les filins, arrimaient les colis. Un geste encore, un ordre gueulé et ils étaient chargés sur le pont. Le départ approchait.

Le shipchandler du Havre discutait sur le quai avec un des fournisseurs. Un shipchandler est un vrai partenaire. Lors des escales à l'étranger, son agent montait à bord le premier. Celui-ci recevait une liste de vivres et parfois de matériel avec souvent des pièces urgentes et difficiles à trouver. Il devait être capable de tout apporter dans les délais et peu importe le prix. Nous ne discutions jamais. Nous ne pouvions pas prendre le risque d'être immobilisés plusieurs jours à cause d'une pièce qui manquait.

Nous embarquions des légumes, plusieurs tonnes de viande, du veau, du bœuf, du mouton, du cochon. Nous prenions du vin à douze degrés, jamais en dessous. Aucun fournisseur ne pouvait tricher. Au bout de quelque temps, le vin tournait et devenait comme du vinaigre. À bord, nous devions servir un litre et quart de vin et cinq centilitres d'eau-de-vie par homme et par jour. Pour un équipage de soixante hommes et quatre-vingt-dix jours de mer, on embarquait dix mille litres de vin, suffisamment pour ne pas en manquer. J'ai vu des bateaux où les équipages refusaient de travailler parce qu'il n'y avait plus d'alcool et obligeaient le capitaine à faire escale. Ils s'arrêtaient à Saint-Pierre, à Terre-Neuve il n'y en avait pas.

Nous avions intérêt à prendre large parce que notre seule escale était Saint-Jean de Terre-Neuve, ou Saint-Pierre-et-Miquelon. Ce sont des ports bien ravitaillés.

Mais tout y était très cher. J'avais comme instruction de ne rien acheter en escale, sauf quelques produits frais. On nous accordait 150 dollars. Nous prenions quelques salades, des caisses de tomates et autres légumes. Nous pouvions éventuellement aller à Sydney. Ce port se trouve sur le continent canadien, la vie y est donc moins chère. Mais nous n'allions pas nous dérouter pour acheter moins cher. Des bancs de Terre-Neuve à Sydney, il y a trente heures de route.

Un peu plus loin sur le quai, un autre chalutier se préparait. Des poulets piaillaient dans leur cage grillagée. Certains emportaient des animaux vivants. À notre bord, nous mettions tout en frigo. Je ne souhaitais pas les faire souffrir sur un pont et puis nous ne pouvions pas leur mettre de la paille fraîche tous les jours. J'ai connu un capitaine de Fécamp qui souhaitait un poulailler à l'arrière du bateau. Quand il est arrivé à bord, ce n'était pas prêt. Il a demandé des planches et du grillage pour pouvoir le faire à la mer.

Jacques Mazoyhié a voulu se mêler du matériel que je souhaitais embarquer. Je lui ai demandé de ne pas s'en occuper sauf si je venais à lui coûter plus cher.

Les Pêcheries de Fécamp étaient réputées pour bien équiper leurs navires. Mais, comme j'aimais bien chercher de nouveaux coins, il me fallait assurer mes arrières. Assurer ses arrières, c'est avoir toujours du matériel en réserve pour pouvoir le remplacer. Il fallait deux chaluts sur le pont, un à la mer, un autre prêt à mettre dehors et puis sept à huit autres en attente. On en casse parfois et puis surtout, le nylon s'use, il peluche et il pêche moins bien. Il se voit plus dans l'eau. On pêche mieux avec du matériel neuf qu'avec du vieux. Dans toutes les pêches, c'est pareil. Depuis que j'étais capitaine, je savais qu'il ne fallait pas donner son inventaire à l'armateur, ou bien alors il en fallait deux, un pour l'armateur, un autre pour nous. Et c'était rarement le même.

26

C'est terminé le temps où certains s'agenouillaient devant la vierge en pleine tempête.

1958, « Belle-Normandie ».

Les marins finissaient de passer la coupée les bras chargés.

Le 15 février 1958, nous allions appareiller de Fécamp pour Terre-Neuve. Je n'ai jamais aimé les départs, même si on finit par s'y faire. On sait quand on part, mais on ignore quand on revient. En revanche, on voit d'un coup ce qu'on vaut aux yeux de ses proches.

Ma mère ne m'aura jamais connu capitaine en pied. J'aurais pourtant aimé qu'elle me vît. Ce jour-là, c'était Joseph Duhamel qui se tenait sur le quai.

Les hommes gravissaient les échelons de la frêle passerelle qui les reliait encore au monde des terriens. Ils emportaient avec eux leurs vêtements, leurs cirés, leurs bottes. Je préférais les sabots. Difficile sinon, de tenir douze heures debout à la passerelle. Par la suite, j'ai pris de vieilles chaussures confortables. Sans lacets, pour les enfiler plus vite. J'ai rangé mes livres dans les rayonnages de ma bibliothèque. À chaque voyage, j'en prenais toujours beaucoup. J'ai toujours adoré lire. Je disposais d'une cabine avec salle de bains, un salon qui jouxtait la chambre des cartes. De l'autre côté du couloir, la cabine du second et celle du radio. Nous allions vivre autour de la passerelle, notre univers.

Les marins prennent aussi des friandises, quelquefois un poste de radio et des bouteilles. Elles sont les bienvenues quand il fait froid. Mais ils emportent également des affaires qui leur sont plus personnelles, une peluche, une petite médaille, différents talismans. Ils ne sont pas tous croyants. Le temps où certains s'agenouillaient devant la vierge en pleine tempête est révolu. Mais il faut bien que ces garçons croient à quelque chose. Il faut les laisser avec leurs idées.

Je ne suis pas superstitieux bien qu'on le soit toujours un peu pour certaines choses. J'ai ainsi toujours embarqué du lapin. Ce n'est pas parce que l'on mange du lapin qu'un malheur va se produire. Des événements surgissent le jour où l'on mange du lapin, d'autres lorsque l'on mange du veau. Il doit arriver ce qui doit arriver. Certains marins en rient, d'autres pas. Pour ce voyage, j'en ai même pris un comme mascotte. J'ai mis sa cage sur le cardan du compas, pour ne pas qu'il tombe.

En revanche, superstition ou respect des traditions, il y a des choses qui ne se font pas. Comme appareiller un vendredi, par exemple. On va aussi quelquefois mettre un cierge à la Vierge Marie. On accroche un Christ à la passerelle. Mais on ne le fait pas par croyance. Que vous soyez croyant ou pas, s'il doit arriver quelque chose, c'est pareil. Tout repose sur le capitaine, le seul responsable. Mais à la mer, on ne peut pas s'empêcher d'avoir un certain respect des coutumes. On ne change jamais non plus la couleur d'un bateau. C'est très mal venu et surtout ça risque de porter la poisse.

Sur le quai, Joseph Duhamel était songeur. Je le voyais marmonner. Je connaissais ses paroles, celles d'un armateur à ses marins : « Priez pour ceux qui restent à terre, ceux qui sont en mer, ils se démerdent. »

Nous avons largué les amarres. Les quais s'éloignaient.

À Fécamp, quand on sort du port, il y a une coutume. L'extrémité de la falaise coïncide juste avec le bout de la jetée où se trouve une statue de la Vierge. Comme à chaque voyage, tout le monde s'est découvert, s'est tourné vers elle. Et j'ai fait corner trois coups.

27

Il y avait alors des marins, c'étaient souvent les mécaniciens, qui se chargeaient de faire courir des bruits.

1958, route Terre-Neuve.

En allant sur les Grands Bancs, j'ai toujours eu une route préférée, celle de la météo. En quittant la Manche, nous sortions nos routières de l'Atlantique-Nord et je demandais au radio qu'il me prépare une carte météo tous les jours.

La route la plus courte en navigation est l'arc de grand cercle. Mais les vents dominants sont également de la partie et l'on essaye alors de se glisser entre deux dépressions. Ainsi, on n'est jamais les derniers arrivés. Mais la route semble toujours aussi longue. Pendant la traversée, les bateaux sont silencieux, seul le ronronnement des machines se fait entendre.

Je prenais peu à peu possession du navire. Le *Belle-Normandie* faisait soixante-huit mètres de long. Il était d'une conception un peu dépassée. Les nouveaux chalutiers portaient plus de mille tonnes, nous ne pouvions pas dépasser les neuf cents. Dès le début des années cinquante, les premiers chalutiers mixtes, associant morue salée et surgelée, avaient commencé à apparaître. Nous, en guise de nouveauté, nous faisions de la farine de poisson avec les déchets. Elle sert à l'alimentation du bétail. Mais je savais qu'elle se vendait mal. Nous produisions également la traditionnelle huile de foie de morue. Elle soigne tous les maux. Mon « gogotier », dont le nom vient de « gogos », celui des foies de morues, était un grand colosse chargé de la fabriquer. Il en prenait un grand verre tous les matins et affirmait que c'était la source de sa bonne santé. Mais, comme il aimait bien également le pastis, qu'il prenait aussi régulièrement, il n'a jamais réussi à convaincre personne.

Le *Belle-Normandie* avait encore une machine vapeur, alimentée au fioul lourd, alors que les autres chalutiers marchaient au diesel, plus économique. Le pont, le poste d'équipage et même la passerelle avaient sérieusement besoin d'un coup de neuf. Nous disposions à bord d'un pauvre compas, qui n'était plus d'époque, d'un sondeur et d'un radar, dont je n'étais pas très sûr. L'armateur prévoyait des travaux pour la fin de l'année. En attendant, nous devions nous en satisfaire.

Pendant la traversée, la préparation du matériel de pêche a repris : montage des différentes parties du chalut, des câbles, des treuils. Les mêmes gestes toujours recommençaient. Les marins travaillaient seulement sept heures par jour avec une heure de quart toutes les nuits. Il fallait bien que ces gars se reposent avant d'arriver sur les bancs.

Mon quart se déroulait de six heures du matin à midi. Une coupure en début d'après-midi pour une sieste et je reprenais jusqu'à minuit. Je descendais également vérifier sur le pont, donnais mes conseils et restais près des équipages. Mais la place d'un capitaine est à la passerelle. Il a la responsabilité de ses hommes et de la navigation. Sa place n'est pas sur un pont.

Il me fallait tester les chaluts de mon prédécesseur. Et probablement, les modifier. J'en avais fait préparer quelques-uns avec un dos et des ailes plus larges. Je voulais aussi voir comment le bateau allait travailler sur des fonds que je connaissais bien avant de m'aventurer sur d'autres.

La veille de mettre en pêche, les hommes font toujours une petite fête quand les cales sont vides. Mettre en pêche, cela veut dire qu'on a trouvé le poisson. Et ça, c'est le boulot du capitaine, mon boulot.

Personne ne m'a jamais dit où je devais pêcher. Quand je décidais de changer de zone, je changeais. Un jour, nous faisions route. Je savais exactement où l'on allait et je suis resté à bouquiner dans ma cabine. À la passerelle, le chef de quart avait consigne de m'appeler quand nous serions arrivés à tel endroit, puis à tel autre. Mais il devait me prévenir s'il trouvait quelque chose. On se dit que sur la route, on peut parfois avoir de bonnes surprises. Alors, j'attendais.

Eux, ils ne voyaient rien et commençaient à s'inquiéter : « Il est marrant le capitaine, on continue, on continue. Mais je n'sais pas où c'est qu'on va. »

Je suis monté à la passerelle. Je savais qu'on était arrivés là où je voulais aller. Effectivement, on détectait.

Il ne faut jamais douter. En tout cas, ne jamais le montrer. Quand on pêche bien, tout va bien. Mais parfois, il n'y a pas de poisson. Il y a alors des marins, ce sont souvent les mécaniciens, qui se chargent de faire courir des bruits. Et là encore, il vaut mieux être sûr de soi.

« Et pourquoi on ne va pas là, ou là ? »

Les mécaniciens appartiennent à un monde à part. Ils sont sept, dont trois graisseurs. Eux, ils travaillent par quarts. Ils font deux fois quatre heures dans la journée et ils sont frais et dispos. Ce n'est pas du tout le même rythme de travail que les marins et pourtant ils sont aussi bien payés. Les mécaniciens sont à la part. Lorsque la pêche est bonne, ils viennent donner un coup de main sur le pont. Ça fait toujours plaisir. Mais je n'y tenais pas trop, chacun son truc. Il arrive vite un pépin quand on n'est pas habitué. J'acceptais qu'ils aident à certains postes, là où on était à peu près sûr qu'ils ne risquaient pas grand-chose.

En tout cas, ils ne savaient jamais où l'on était, ni où l'on allait. Ce n'était pas leur problème. Mais quand il n'y avait pas trop de pêche, en général, c'étaient eux, les plus mécontents.

28

Finalement, on se croisait plus souvent sur les bancs que dans les rues de Fécamp.

1958, bancs de Terre-Neuve.

Le radio était à l'écoute. D'un geste, il m'a fait signe. Les collègues étaient sur les ondes. Collé au carreau de la passerelle, les jumelles à la main, j'essayais de distinguer leurs silhouettes.

Finalement, on se croisait plus souvent sur les bancs que dans les rues de Fécamp. René Lemaître m'a salué. Il était content de savoir que je me débrouillais bien. Il m'a demandé de passer le voir à mon retour à Fécamp. Il avait de nouveaux chaluts à me montrer.

Depuis quelque temps était arrivée une flopée de jeunes capitaines. Nous étions solidaires face aux anciens. Mais je restais proche de Lemaître. J'étais son poulain.

J'ai aussi croisé André Lecœur. Tous les chalutiers commandés par ces capitaines, je les avais déjà rencontrés lors de ma dernière campagne. Certains allaient en mer de Barents quand d'autres se trouvaient au Groenland. Des bateaux partaient aussi en janvier pour quatre ou cinq mois de campagne sans revenir. Ils pouvaient faire route vers le 2J, la zone de pêche qui se trouve la plus au nord du Labrador, pour descendre ensuite dans le 3L ou le 3K, où il y a moins de glace. Mais beaucoup faisaient leur premier et dernier voyage de l'année à Terre-Neuve.

Trois semaines que nous nous trouvions en pêche. Nous devions faire escale à Saint-Jean de Terre-Neuve pour le fioul. Au début de ma carrière, on pouvait parfois faire jusqu'à trois mois de voyage sans aborder une côte. Avant la guerre, il y avait également de grands chalutiers qui ne faisaient pas d'escale. Finalement dans ces années-là, je ne suis pas retourné à Saint-Pierre, c'était plutôt à Sydney ou à Saint-Jean de Terre-Neuve. C'est là que l'on trouvait du charbon, ensuite on a eu besoin de fioul lourd pour la vapeur.

La terre est apparue à bâbord. Dans la brume, l'ombre se précisait, se découpait. La presqu'île Avallon. Terre-Neuve n'était plus très loin. Nous avons passé le phare, suivi l'alignement. Le pilote est monté à bord. Nous sommes entrés dans le goulet étroit où ne se croisaient pas plus de deux bateaux en même temps. Comme par enchantement, la brume s'est dissipée. Ce sont les courants qui à chaque fois la dispersent. Devant nous s'ouvrait la baie de Saint-Jean. Le ronronnement de la machine au ralenti, le bruit de l'étrave qui fend l'eau. Le long du quai en béton, un chalutier, des hangars, des baraquements rongés par la rouille.

À peine accostés, les douaniers sont montés à bord. Alcool, cigarettes, tout devait être mis sous scellés. Ils ont fouillé le navire, piqué le sel pour être sûrs qu'il ne dissimulait rien. Ouvert les coffres, les caissons, démonté les panneaux. Rien. Au dernier voyage, un marin s'était fait prendre. Un gars sur le quai lui avait demandé s'il avait de l'alcool à vendre. Il était de la police montée en civil. Le bateau a eu une amende, l'alcool a été confisqué. Ils ne nous ont pas lâchés avant d'avoir tout inspecté.

Quand on arrive, on donne des avances aux marins, en fonction de la pêche déjà en cale. À Saint-Jean de Terre-Neuve, nous les donnions en dollars, parce que les Canadiens n'acceptaient pas l'argent français. Ça a toujours été difficile avec les Canadiens. Le Français avait la réputation de ne pas toujours être correct, les Portugais et les Espagnols, eux, ont toujours eu la cote. Les gars se présentaient à la passerelle, mais ils devaient être douchés, rasés de près. J'estimais que l'on battait pavillon français. Nous représentions la France et à ce titre, nous devions être à la hauteur. Ceux qui n'étaient pas nickel, ils n'avaient rien et ils le savaient. Ils ne se dérangeaient pas.

Comme à Saint-Pierre, le paysage n'était que roc. Les maisons étaient en bois de toutes les couleurs. Mais la comparaison s'arrêtait là. On ne s'y amusait pas. Pas de risques de bagarres. Les gars se faisaient immédiatement ramasser par la police montée et passaient en cellules de dégrisement. Le Français n'avait pas sa place.

29

Les femmes décollaient les morues salées serrées dans le sel compact et dur.

1958, Fécamp.

Retour vers la France. Le moral au beau fixe. Les cales pleines, huit cent cinquante tonnes de morue salée, quatre-vingt-deux tonnes de farine et trente et une d'huile de foie de morue.

Pour un capitaine, chaque déchargement est une épreuve à passer. Équipage et armateur vont le juger à ce moment-là. De la qualité et la quantité de morue, dépendent son avenir et sa réputation. Personne ne repartira avec lui si le résultat n'est pas bon. Le premier déchargement du *Belle-Normandie* était un jour encore plus important. Je ne crois pas à la chance. Elle n'arrive pas toute seule. J'en ai trop souvent eu la preuve dans mon enfance. La chance, il faut aller la chercher et encore, il faut qu'elle accepte de venir. Rien n'arrive tout seul et encore moins de là-haut.

Joseph Duhamel est passé à la première heure. Il est resté quelque temps à arpenter le pont, à parler aux hommes. Mais il ne lui a fallu que quelques secondes pour voir à l'œil que le chargement était bon. La morue était de belle taille, bien salée. Il était satisfait. Je l'ai même soupçonné de pouvoir juger de la qualité à l'odeur de la cale.

À l'aide d'une pique qui se terminait en crochet, les femmes décollaient les morues salées serrées dans le sel compact et dur. Elles les passaient au trieur, qui les classait par taille et les empilait sur des plateaux. Mais elles les frappaient avant sur leur cuisse pour en faire tomber l'excédent de sel et ne pas influer sur la pesée. Lorsque l'empilement atteignait l'épaule d'homme, les piles étaient hissées par treuil sur le pont, puis descendues sur le quai. Jacques Mazoyhié est resté toute la matinée, les bras derrière le dos à surveiller les opérations. Il a fallu au moins une bonne semaine pour que tout soit trié et pesé.

Les remorques tirées par un tracteur prenaient livraison et passaient au poids public. Le peseur juré était un ancien patron de pêche. Son prédécesseur venait de partir, il trichait. Sur la balance, il s'était arrangé pour que les remorques, mal fixées au crochet du tracteur, soient en équilibre. Le capitaine ne retrouvait jamais le poids de morue qu'il avait pêché. C'est un lieutenant qui l'avait découvert et à Fécamp, ça avait provoqué un beau scandale.

Personne ne parlait jamais de qu'avaient pu faire les autres. Il fallait l'apprendre par soi-même en écoutant ce qui se disait sur les quais. Ou attendre la fin de l'année pour obtenir le classement qu'on présentait aux actionnaires. Seul le ruban bleu, le trophée de la Grande Pêche, distinguait véritablement les actionnaires. C'est lui qui faisait rêver tout le monde.

30

Alors, mets le cap au nord-est, là
où les baleines soufflent.

1958, Spitzberg.

La côte du Spitzberg est déchiquetée par les glaciers de plusieurs kilomètres de large se jetant dans des fjords immenses. Des nuées d'oiseaux venaient y nicher et nous accompagnaient. Pour ce deuxième voyage, le 22 août, nous avions appareillé pour la mer de Norvège. Nous allions remonter vers le Spitzberg, « l'île sur le toit du monde », située entre le 76e et le 80e parallèle, tourner autour de l'île aux Ours et peut-être remonter jusqu'en mer de Barents.

Le temps s'écoulait. La nuit était claire. En haut des mâts, les feux de route. Les rayons de lumière traversaient les nuages noirs. Le soleil ne descendait pas en dessous de l'horizon. Il frôlait l'océan dans sa descente à l'ouest pour immédiatement remonter en courbe vers l'est. Dans quelques jours, il n'y aurait plus de nuit.

Nous mettions en pêche dans une lumière froide, métallique, une mer vert lagon. La banquise était toute proche. Un ours blanc venu en bordure nous observait. Les marins me racontaient que, parfois, les ours s'approchaient trop près au moment de la fonte des glaces et se laissaient surprendre. Certains équipages en ont déjà croisé en mer, dérivant sur un iceberg.

L'été du fait de l'absence de nuit, la température est beaucoup plus stable. Elle ne descend pas en dessous d'un degré.

Le baromètre était fixe, le temps au beau. J'ai piqué la cloche. À virer. La lumière est passée au nacre rosé.

J'avais à bord un sondeur et un pauvre radar. Mais l'intuition et l'expérience restent nos meilleures garanties. On laboure cette immensité glacée et alors que l'on chalute dans une zone, le poisson se trouve parfois dans une autre. On s'aide alors de nos cahiers de pêche, de nos notes.

Les documents scientifiques se révèlent d'une grande aide. Pour chasser sa nourriture, le poisson se déplace et suit les migrations de ses proies. Il évolue également en fonction de la température de l'eau, de sa salinité et de sa profondeur. Au début de l'année, le cabillaud est gras. Puis il devient tout maigre. Au printemps, c'est la période de ponte et le rendement est moins bon. Il porte à ce moment-là deux ou trois kilos de rogues dans le ventre. Après, il chasse pour se nourrir et il remonte très haut. Il peut se trouver dans les eaux glacées de l'océan Arctique.

Même le merlan bleu va jusque-là. Parfois, il peut rester une semaine au même endroit. Puis il passe au large de l'Écosse. Il est dans le nord des Hébrides, puis des îles Féroé. Il redescend ensuite très au sud. La ponte se fait au large de l'Irlande. Après la ponte, en mai-juin, il s'éparpille. Il ne peut plus être pêché. À moins d'être à deux bateaux, en « bœufs », c'est-à-dire deux navires à couple avec un chalut entre les deux.

On sait aussi qu'en octobre pour la pêche à la morue, c'est toujours très mauvais à Terre-Neuve, comme au Labrador et partout ailleurs. À cette époque, le poisson s'éparpille. Il n'y a pas de regroupement et il est difficile de le pêcher. On fait à peine vingt tonnes par mois. J'ai dû faire deux bonnes campagnes à Terre-Neuve au mois d'octobre dans toute ma carrière. Mais j'avais découvert de nouveaux fonds. L'année d'après, il n'y avait plus rien.

La morue adore le capelan. Quand on virait notre chalut, on savait tout de suite qu'il y en avait dans la zone. D'un coup, c'est comme si on se retrouvait dans une pièce de trèfle en pleine mer. Quand les filets de morue sont mal lavés, l'odeur peut rester dans la chair du poisson.

Et dans toutes les pêches, c'est pareil. L'instinct.

La crevette ne se détecte pas. Elle se pêche, dans les endroits où l'on a l'habitude d'aller, où l'on sait qu'il y en a. La nuit, elle se trouve sur le fond et puis le jour elle se disperse. Elle est entre deux eaux et elle ne se voit plus. Avec elle, évoluent parfois certaines espèces de petits rougets, qui eux se détectent facilement. Là, elle se repère. Mais sinon, les appareils ne servent pratiquement à rien.

Voilà, quand vous savez ça, il ne vous reste plus qu'à vous débrouiller.

Deux souffleurs à l'horizon. Ils ont plongé à nouveau. Le bateau vibrait et l'image que révélaient les jumelles s'avérait un peu floue. Baleine ou cachalot ? Les baleines crachent un jet double qui s'élève à la verticale. Les cachalots, un jet unique, qui dessine un angle vers l'arrière. De toute façon, peu importe, pendant cette campagne, nous ne pêchions pas de harengs. Nous les avons laissés s'éloigner. En effet, le hareng lui se détecte très bien même sans appareil, et particulièrement dans la baie de Saint-Georges, sur les côtes américaines. Ce poisson accompagne souvent les baleines qui viennent là, pour frayer et se nourrir. Elles ne mangent que du plancton, comme les harengs. On les trouve donc souvent ensemble. Il suffit de repérer les souffles à la surface de l'eau.

Quand on pratiquait la pêche au hareng, on demandait à son second qui veillait sur la passerelle les jumelles à la main : « Ça souffle dans quelle direction ?

— Au nord-est, capitaine.

— Alors, mets le cap au nord-est, là où les baleines soufflent. »

31

Les morues avaient fait comme nous. Elles s'étaient mises à l'abri dans ce couloir d'eau.

1958, Groenland.

Une lueur dorée pâlissait le ciel. J'attendais le moment précis où la lumière inonde la mer. On passe chaque jour à côté de la mort, de la vie, sans la voir. Mais, à cet instant de l'aube imprévisible, on ne peut passer à côté sans s'y plonger corps et âme.

Mais, avec le lever du jour, le temps avait repris toute sa réalité. Les projecteurs sur le pont étaient restés allumés, mais aucun marin n'y travaillait. Terre-Neuve ne donnait rien. Il nous fallait remonter au Groenland. Cap nord, nous avions un peu de route. Nous avons démonté les parcs à poissons qui n'avaient pas beaucoup servi.

En montant, les nuits étaient de plus en plus courtes. J'ai fait doubler les quarts, les risques de collision avec les icebergs étaient importants. La côte du Groenland est parfois bloquée par la glace toute l'année. Dans le sud au mois de juin, elle se dégage. Sur la côte est se trouvent de grands glaciers. Poussées par la banquise, certaines parties s'enfoncent dans la mer, puis, sous la pression, se détachent. Alors, le jeune iceberg surgit du fond de l'eau dans une incroyable explosion, provoquant une vague énorme qui submerge tout sur son passage. Ce jeune berg n'est pas très dangereux. Il éclate souvent à sa naissance, puis se disperse. Cependant parfois, le vent le fait remonter dans les courants, le poussant alors à faire le tour du Groenland. Ensuite, il descend vers le sud. Il a alors une glace bleutée, sombre et dure comme un caillou. Le plus dangereux peut se produire lorsque le navire fait route, qu'il n'est pas en train de chaluter. Il est alors à pleine puissance. Au premier choc, le bateau peut s'ouvrir comme une simple boîte de conserve. Dans ces cas-là, on triple les quarts et on laisse un homme sur le gaillard d'avant.

C'était la première fois que j'allais au Groenland, mais j'en avais beaucoup entendu parler. Certains y pêchaient très bien. Avec la demande de plus en plus forte de poissons, il fallait trouver de nouvelles zones de pêche. Aller voir toujours plus loin et explorer des régions complètement vierges. Au Groenland, les voiliers s'y rendaient un peu avant guerre, mais on a vraiment commencé à y aller au début des années cinquante. Les bateaux y effectuaient leur troisième campagne. Pendant longtemps, c'était resté *terrae incognitae*. Sur les cartes, de grandes parties étaient encore blanches. Chaque capitaine les complétait au fil de ses voyages. Nous y avons découvert des bancs. Le *Bonnet-Flamand* est le premier que l'on trouve après avoir traversé l'Atlantique. Mais nous y subissions beaucoup d'avaries. À l'époque, les chaluts en manille n'étaient pas aussi résistants.

En hiver, c'est la nuit, la banquise, la neige et les fjords sombres. C'est compliqué le Groenland, difficile d'y naviguer, difficile à comprendre. Les cartes marines anglaises étaient assez bien faites. Les Britanniques avaient pas mal navigué dans ces eaux. Mais elles restaient très approximatives. Le compas magnétique ne donnait plus rien, il se déréglait à l'approche du pôle. Très peu de feux. Seuls points remarquables, le relief très découpé de la côte sous la lune et les glaciers qui permettaient de préciser la position du bateau. Ils brillent et on les repère de loin. Nous faisions également le point grâce aux profondeurs de sondes des cartes.

Il ne restait quelquefois que quelques mètres sous la coque. Comme tous les fonds avec des différences de sondes, il est difficile de pêcher au Groenland. Difficile de faire un trait d'une heure ou deux à cause des profondeurs qui varient, mais difficile aussi de savoir où se trouve le poisson. On pense qu'en fonction du courant, de la température de l'eau, il va être à tel endroit. Il n'y est pas. La température, le courant changent. Et pourtant, on pêche bien. On se dit qu'on va le trouver le jour dans un certain coin et la nuit dans un autre. Il n'est pas là. Le lendemain, tout s'inverse et l'on pêche très bien.

Nous souffrions de la neige, de la glace. Elle se figeait sur le bateau, l'alourdissait, s'infiltrait dans les instruments de navigation. La corne à brume et le radar ne fonctionnaient plus.

Sous ces latitudes, toute l'eau qui embarque sur le bateau gèle immédiatement. En deux ou trois heures, le mât peut doubler de diamètre. Il faut alors casser ces congères chaque jour à la masse, pour éviter de déséquilibrer le navire.

Nous pêchions depuis dix jours dans ces conditions, avec une mer de plus en plus formée. La pêche ne donnait rien. La dépression s'est installée et le baromètre a continué de descendre. Nous avons mis cap au sud pour nous éloigner de la terre. Sud-Groenland, nous avons trouvé comme un couloir entre la côte et la banquise. On s'y est engagés. À moins d'un mille, la mer était plate comme un lac, d'un bleu glacé, figé sous la lumière pâle. C'était presque inquiétant ce silence intense. Le vent passait au-dessus du navire et la mer ne se formait pas, alors qu'auparavant nous devions affronter des creux de trois à quatre mètres de haut.

Soudain, le sondeur s'est mis à détecter. Les morues avaient fait comme nous. Elles s'étaient mises à l'abri dans ce couloir d'eau. Nous avons chargé des tonnes de poissons pendant plusieurs heures.

32

En tant qu'ancien capitaine au long-cours cap-hornier, il avait gardé le goût des hauts gréements.

1958, Le Havre.

La Manche avec tous ses navires du monde. J'avais fait doubler les quarts, nous approchions du Havre. Les sirènes des bateaux qui appareillaient et ceux qui commençaient leur approche. Le port avec ses cheminées d'usine, ses docks et ses grues avait beaucoup changé depuis mon premier embarquement.

Le 17 décembre 1958, nous mettions le bateau en cale sèche au Havre. L'armement avait souhaité apporter quelques modifications sur le *Belle-Normandie*.

C'est toujours plus compliqué de transformer un bateau que d'en concevoir un neuf. À chacune de mes escales à Fécamp, les ingénieurs étaient venus m'apporter leurs travaux. Il fallait vérifier que les modifications ne portent pas à conséquence sur d'autres postes. Le Havre ne se trouve qu'à une quarantaine de kilomètres de Fécamp et, chaque semaine, je faisais l'aller et retour dans la journée.

Le chantier se situait un peu à l'intérieur des terres, au bout des bassins, près du port de plaisance. À la fin de chaque réunion, nous déjeunions au Yacht-Club. Un bon restaurant où le directeur du chantier m'invitait avec les ingénieurs du bureau d'études. Ils sortaient du rang, avec eux les choses étaient simples. On parlait en toute intelligence.

On a remplacé la machine à vapeur, alimentée en fioul lourd, par un moteur diesel, plus économique et qui exigeait moins d'escales pour le ravitaillement. On a également procédé à quelques aménagements dans les logements équipages, divisés en plusieurs cabines. Le bateau sentait le neuf et la peinture fraîche. Les hommes avaient gagné en confort. Les ingénieurs ont également rehaussé la hisse côté bâbord, afin de protéger les marins de la mer.

Mais Joseph Duhamel n'était pas content. La taille de la cheminée avait diminué, ainsi que la hauteur des mâts. En tant qu'ancien capitaine au long-cours cap-hornier, il avait gardé le goût des hauts gréements. C'était sa marotte. Pour lui, le *Belle-Normandie*, malgré ses deux bandes rouges fétiches sur cette petite cheminée, ne ressemblait plus à un chalutier.

33

J'entrais dans la cour des grands.

1959, Fécamp.

Joseph Duhamel ne m'avait rien dit et pourtant il savait. Quelques jours avant la Saint-Pierre des marins, il m'a convoqué à l'armement. On allait me décerner le ruban bleu, le trophée de la Grande Pêche, la reconnaissance ultime du meilleur pêcheur de l'annéc.

Cette remise du trophée était un rendez-vous attendu de tous. Après la bénédiction annuelle de la Saint-Pierre, les capitaines, les armateurs, les politiques et même l'archevêque se retrouvaient là. Chacun faisait son discours. Joseph Duhamel m'a remis ma médaille, mon trophée, un bronze représentant un pêcheur tirant un filet. Puis tous se sont retrouvés autour d'un banquet. Passé l'instant officiel, les langues se sont déliées. L'archevêque a salué tout le monde : « À l'année prochaine », et se tournant vers les politiques le verre à la main : « Enfin, à vous, je ne sais pas si je peux en dire autant. »

On était en pleine période électorale et les remaniements ministériels n'étaient pas loin. Il y a des rivalités qui ne s'oublient pas. J'entendais aussi un des capitaines râler auprès de Duhamel, il semblait que c'était lui qui avait fait le meilleur tonnage. L'armateur l'a rembarré. Cette année-là, le Syndicat de la Grande Pêche avait changé les règles. Il misait alors sur la qualité.

« Effectivement, Leborgne n'a pas fait le meilleur tonnage en quantité, mais le meilleur tonnage en valeur. Le jour où tu me feras gagner autant d'argent que lui, tu auras le trophée. En attendant, ce n'est pas le cas. »

La fierté d'un capitaine morutier, la plus grande, c'est la quantité de morue qu'il a dans la cale. Et il ne s'agit pas de le dépasser, il n'aime pas ça. Certains mettent des années à monter. Il ne faut pas aller trop vite si l'on veut garder ses amis. Mais, peu importe, je n'avais que quelques années de commandement derrière moi et j'entrais dans la cour des grands. Désormais, il s'agissait d'y rester.

34

Quand on est sur une tache de poisson, on se sert. Comme on dit, on paye son boulanger. Puis on en fait profiter les copains.

1959, Terre-Neuve.

La passerelle était dans l'obscurité. La silhouette de mon second se dessinait dans la lueur de l'écran radar. Le sondeur détecteur renvoyait son éclair vert, dès la première détection.

Les aménagements terminés, le 20 avril 1959, nous sommes repartis pour Terre-Neuve. J'avais alors sur la passerelle un gyrocompas qui ne se déréglerait pas à l'approche du pôle. Il trônait dans son beau scaphandre devant la barre. Nous possédions également une batterie de sondeurs, deux détecteurs de poisson, deux radars. L'armement avait dû imposer un nombre maximal d'instruments, sinon les capitaines en auraient demandé trois fois plus. Avec deux, cela devait suffire. J'avais remplacé mon ciré en toile huilée par un en nylon et une canadienne.

Avec ces nouveaux appareils, j'ai pu améliorer les recherches. La nuit, le poisson décolle du fond. Il est entre deux eaux. J'ai repris les travaux de René Lemaître. J'ai cherché dans les bouquins. J'ai persévéré et je suis arrivé à trois mètres d'ouverture verticale de chalut.

J'ai donné ma position aux autres bateaux qui ne prenaient rien. Contrairement à ce que beaucoup de gens pensent, il existe une véritable entraide dans le monde de la pêche. Dans certaines compagnies, il y a des gars qui cherchent, d'autres qui attendent plutôt que le poisson arrive. Ceux-là, on les appelle les « suceurs de morues ». Le poisson passe généralement dans les mêmes endroits et à peu près dans les mêmes périodes. Mais parfois avant de trouver quelque chose d'intéressant, on perd une semaine. La mer « jolie », c'est grand.

Quand on est sur une tache de poisson, un filon, on se sert, « on paye son boulanger ». Puis on en fait profiter les copains. On agit comme ça en imaginant qu'un jour ou l'autre on nous renverra la balle. Mais on sait vite sur lesquels on peut compter. De toute façon, je n'ai jamais rien attendu de personne. Si j'aide les autres, c'est parce que je considère que c'est normal. J'ai été élevé comme ça.

En revanche, certains vous donnent l'emplacement de la tache de poisson quinze jours ou un mois après. Rien ne vous oblige à signaler votre zone de pêche, mais quand vous le faites, ce n'est pas deux à trois semaines après votre passage, quand le poisson est déjà dans la cale. Ce ne sont pas des choses qui se font. Par la suite on sait à quoi s'en tenir. On ne dérange pas les gens pour rien.

35

La soirée s'est terminée dans son carré, tard la nuit.

1959, Saint-Jean de Terre-Neuve.

La côte se découpait, plongeait dans la mer. Le chenal au feu clignotant. L'odeur de la terre. Un feu balayait le ciel, l'entrée du port se précisait. Nous allions faire escale à Saint-Jean de Terre-Neuve.

À peine amarré, le commandant de *L'Aventure* m'a demandé à son bord. Il m'avait vu arriver et m'a fait chercher par un de ses officiers. *L'Aventure* était une frégate armée par la Marine nationale. Elle assurait l'assistance aux chalutiers. Du printemps à l'automne, ce bateau croisait sur les bancs et assurait la liaison avec Terre-Neuve ou le Groenland. Il apportait le courrier, des vivres si besoin. Faisait sa tournée, puis revenait au port. Les navires assistance avaient été créés juste avant la Seconde Guerre mondiale. C'était une compagnie privée qui les gérait, puis ce fut la Marine nationale. Il y eut le *Saint-François-d'Assise*, navire-hôpital armé par la Société des Œuvres de Mer en 1902, en 1946, la corvette *Lobélia* puis *L'Aventure* de 1947 à 1961, ensuite, le *Comandant-Bourdais*. À bord un médecin, un dentiste, un hôpital, tout ce qu'il faut pour vivre sur les bancs, et même un prêtre. Parfois, on voyait la frégate toutes les semaines. À chaque fois, elle s'annonçait au loin.

J'avais eu un problème avec le commandant de *L'Aventure* l'année précédente, alors que je me trouvais au Groenland. En pleine pêche, un des gars avait fait une crise d'épilepsie. J'avais demandé une assistance. *L'Aventure* était assez loin, le commandant m'a demandé de rallier le port le plus proche. Mais j'avais le pont plein de poissons et au Groenland, il est interdit de rentrer dans un port avec du poisson sur le pont. Finalement, nous avons mis le gars sous surveillance médicale. Arrivé au port d'Holsteinbor dans la soirée, il m'a envoyé son officier et m'a convoqué à son bord. J'ai refusé. Le ton est monté.

À mon retour à Fécamp, une lettre m'attendait.

« Sachez que *L'Aventure* a d'autres missions que l'assistance aux pêcheurs et que dans cette mission particulière, il n'y a pas que le *Belle-Normandie*. Votre refus de venir à mon bord à ma convocation est un acte d'indiscipline, que je ne peux tolérer. Puisque seules les questions d'argent comptent pour vous et si vous désirez être servi, demandez donc à votre armateur de vous payer un médecin ou un bâtiment base. »

Un capitaine doit toujours se soumettre aux ordres d'un bateau de guerre et il ne comprenait pas qu'on ne lui obéisse pas. L'affaire est remontée aux Affaires maritimes puis jusqu'à Paris où je devais me rendre pour sanction. C'est vrai que je devais obéir, même dans une baie étrangère. Mais je ne voulais pas quitter mon bord.

Je n'ai pas toujours entretenu de mauvaises relations avec les capitaines de frégate. Quelque temps plus tard, j'ai reçu une carte du pacha Pierre Deluzarches. Il m'avait juste écrit quelques mots : « En vous remerciant d'avoir si aimablement pris mon médecin à votre bord. Au meilleur manœuvrier des capitaines chalutiers de Grande Pêche. »

Lors de la visite médicale qui précédait l'embarquement, les médecins s'étaient rendu compte que les problèmes dentaires étaient fréquents. Depuis quelques années, les médecins préféraient venir à bord en mer pour prévenir plutôt que d'attendre et de débarquer les hommes à terre. La manœuvre d'approche avait été très délicate. Leur navire était plus gros que le nôtre, le vent le faisait dériver sur nous et la mer était très formée. Je me suis positionné côte à côte avec lui, le Zodiac a été mis à l'eau et le médecin est monté à bord.

Ce jour-là en escale à Saint-Jean, je me suis expliqué avec le commandant de *L'Aventure* et tout s'est arrangé. La soirée s'est terminée dans son carré, tard la nuit. Mais, comme beaucoup de capitaines de pêche, j'ai toujours eu du mal avec certains commandants des navires d'assistance. Ils avaient tendance à nous considérer comme des pirates et nous on les prenait pour des galonnés toujours prêts à quitter les bancs pour aller pavoiser en uniforme : des commandants de salon.

36

Les enfants par-dessus bord, ça arrive plus souvent qu'on ne le pense.

1959, bancs de Terre-Neuve.

Le commandant de *L'Aventure* m'a également remis le courrier pour l'équipage. Quand on est marin, on ne vit pas souvent à la maison. Les nouvelles arrivent par le courrier, les émetteurs radio et les lettres radio maritimes. Dans celles-ci, on a le droit à vingt mots. Avec une lettre radio toutes les semaines, on dit le principal et ça suffit.

Pendant quelque temps, la famille met un pied dans le grand métier. On parle souvent de l'attente des femmes à terre. Mais pour les marins non plus, ce n'est pas évident. Je distribuais les lettres. Je savais quand il n'y en avait pas. Et je savais aussi que certaines femmes sont peu fiables. Le capitaine reste le confident de l'équipage. Malheureusement, c'étaient souvent les mêmes marins qui n'en avaient pas. Dans ces cas-là, on dit un petit mot, même s'ils ne sont pas dupes : « Elle n'a pas dû avoir le temps.

— Oui, mais il y a un moment qu'elle n'a pas le temps. »

Le plus difficile, c'était pour les hommes mariés. Non seulement ils n'avaient pas de nouvelles de leur famille, mais en plus, forcément, ils se posaient des questions.

Les enfants par-dessus bord, comme on dit, ça arrive plus souvent qu'on ne le pense. Il y a des femmes volages. On dit qu'il en faut. Heureusement, en mer, les marins n'ont pas tellement le temps de trop cogiter. Ils sont pris par leur travail. Un capitaine doit assurer toute la réussite de l'entreprise. Il n'a pas le loisir de réfléchir à ce qui se passe là-bas à terre. Les marins savent qu'il ne faut surtout pas que leur femme s'ennuie. Si elle est là, inoccupée, il y en a toujours un pour la consoler. La vie est comme ça, même pour les plus sérieuses. Sept mois de grossesse, c'est possible. Onze mois, c'est plus difficile. Malheureusement, ce sont des choses qui arrivent. Je le sais. Et certains le savent encore mieux que moi.

Mais en mer, c'est le présent qui compte. Les souvenirs, on les oublie assez vite et les malheurs, il ne faut pas les ruminer.

37

Depuis, tout ce que je n'ai pas pu faire, j'ai tenu à ce que mes enfants puissent le faire.

1959, Fécamp.

Les traversées de retour sont très différentes des départs. Tout le monde est joyeux, de bonne humeur, impeccable. Ce sont des marins, avant tout des garçons bien. Quand nous rentrions à Fécamp, ce n'était pas un chalutier, mais trois ou quatre qui arrivaient souvent dans la même journée. Ça représentait du monde soixante familles de marins qui attendaient sur le quai, avec les enfants et même les parents. Ce jour-là, il n'y avait jamais classe, c'était la fête à la maison.

Quand les hommes débarquent, ils apprécient tout, redécouvrent la vie. Et on s'en fout de toutes ces fêtes religieuses, parce qu'à terre c'est Noël tous les jours.

La navigation à la Grande Pêche est comme une abstraction du temps, les marins ne pensent qu'au travail. Pendant les campagnes, ils sont déconnectés de tout. À chaque retour, c'est comme une nouvelle lune de miel. Enfin ça dépend, certaines femmes n'aiment pas la fête.

Mais à terre, il ne faut pas tout reprendre en main. Lorsqu'on est en mer, les femmes s'occupent de tout. La mer est un monde d'hommes, la femme, c'est la terre. Là, elle gouverne de façon incontestée. C'est elle qui gère la maison, l'ensemble des problèmes administratifs, fait les comptes, paye les impôts. Certaines femmes cependant sont bien contentes de se reposer sur leur mari quand il débarque, mais ce n'est pas toujours le cas. J'en ai entendu d'autres qui demandaient : « Quand est-ce que tu repars ? »

Quand on vient d'arriver à la maison, ce ne sont pas des questions à poser. J'ai même entendu des gosses attendre avec impatience le jour du départ. Ça ne m'est jamais arrivé, je n'aurais pas aimé ça.

En raison des travaux du *Belle-Normandie*, cette année-là, je n'ai fait que deux voyages. En général, nous en faisions toujours au moins trois dans l'année. Le premier commençait début janvier, nous revenions lorsque le bateau était plein. Quelquefois nous rentrions fin mars, ou début avril. Entre le premier et le deuxième embarquement, nous avions quinze jours de vacances. Quinze jours, c'était vite passé. Entre le deuxième et le troisième, quarante-cinq jours et l'hiver, le solde des quatre-vingt-dix jours de congé.

J'ai toujours eu autant de mal à m'habituer au rythme terrien. J'étais debout à cinq heures du matin, faisais une sieste l'après-midi. Mon cycle de sommeil restait réglé sur mes horaires de quarts.

Nous avions rarement la possibilité de partir en vacances. Alors, j'ai acheté une maison secondaire près de la plage, à Blonville-sur-Mer. Blonville-sur-Mer se trouve à une heure et demie de Fécamp. Même à terre en vacances, je devais rester à proximité de l'armement. Dans cette maison, j'ai commencé à accrocher des tableaux. Comme les livres, j'ai toujours aimé la peinture et j'en ai beaucoup acheté. À l'époque, j'avais même mis en place, avec un peintre, une sorte de rente mensuelle. Ainsi, il avait de l'argent tous les mois et selon la somme que je lui avais versée, je passais ensuite choisir une toile.

Pour transporter ma famille, j'avais maintenant une voiture qui remplaçait mon scooter. En comptant mon petit frère de huit ans, j'avais cinq enfants à élever. Ma fille venait de naître, l'année précédente. J'en étais très fier.

J'allais pouvoir profiter d'eux pendant les vacances d'été. Je souhaitais qu'ils aillent à la plage, qu'ils apprennent à nager. Quand j'étais enfant, c'était la guerre. Je n'ai jamais appris. Les plages étaient minées, personne n'y allait. Au cours de ma vie professionnelle, cela ne m'a jamais inquiété.

Ensuite, les combinaisons de survie ont été rendues obligatoires. Si jamais on a le temps de l'enfiler, on peut rester en vie près de vingt-quatre heures. Mais sinon, dans une mer à quelques degrés, parfois moins, on tient quelques minutes. Savoir nager ne sert à rien.

Mais tout ce que je n'ai pas pu faire, j'ai tenu à ce que mes enfants puissent le faire.

38

Certains disent que ça fait venir les palanqués, je sais surtout que ça fait venir les ennuis.

1960, Fécamp.

La vie de marin, c'est toujours l'envie de repartir. La mer vous reprend. Au bout de quelques semaines, on se retrouve à faire trois fois le tour de sa maison. Puis un beau matin, on se rend compte que l'on n'attend plus qu'une chose, l'appel de l'armement.

Le premier départ de l'année 1960 approchait. Jacques Mazoyhié me convoque. Il m'annonce que j'avais la chance d'embarquer un aumônier des mers. J'étais furieux.

« Vous auriez pu me demander si j'étais d'accord. Jamais, non, jamais je n'en voudrais un à mon bord. »

Certains disent que ça fait venir les palanquées. Je sais surtout que ça fait venir les ennuis. Ces gens-là, je les connais. Ils montent à la passerelle. Ils regardent les autres travailler, prennent l'apéritif, cassent du sucre sur le dos de l'équipage. Ils redescendent, se refont payer un verre avec les marins. Et là, ils critiquent ceux de la passerelle. À chaque fois c'est comme ça. Ils tapent sur la tête des uns et des autres.

« Non, vous pouvez le donner à qui vous voulez. Mais pas à moi. »

Le problème c'est que mes collègues avaient la même réaction. Ils n'en voulaient pas.

Quelques jours plus tard, se déroulait la Saint-Pierre des marins. Au moment de la grand-messe, l'aumônier qu'on devait embarquer monte en chaire. Il fait son prêche sur le thème des buveurs de sang, des armateurs exploiteurs de marins. Ça a fait le tour de la ville. Le lundi matin, la secrétaire m'appelle chez l'armateur. Il avait changé d'avis. Personne ne l'a jamais embarqué.

Je n'ai jamais aimé les curés. Et ça date de mon enfance, du temps de ma première communion. Une semaine avant la cérémonie, on s'était réunis à trente ou quarante gamins pour préparer une retraite. Le prêtre avait entendu du chahut derrière son dos. Sans se retourner, il lance : « Dehors, Leborgne. Ce n'est pas la peine de venir dimanche. »

Je n'avais rien fait, mais je suis sorti et suis rentré chez moi. Ma mère m'a vu revenir : « Mais qu'est-ce t'as encore fait, mon poulot ?

— C'est fini, je ne ferai pas ma communion. »

J'aurais été excommunié, ce n'aurait pas été pire. Ça a fait toute une affaire. Mon beau-père a commencé à retrousser ses manches et à dire qu'il allait lui-même s'expliquer avec le curé. Ma mère a réussi à le calmer. Finalement, ils ont fait venir les vieilles tantes bigotes pour un conseil de famille. L'une d'elles, la tante Jeanne, est partie en émissaire. Le prêtre habitait un peu plus loin. Elle a enfilé son grand manteau noir, a enfoncé un peu plus son béret qu'elle portait toujours sur les oreilles et elle est allée le trouver.

J'ai su après que la tante avait expliqué au curé qu'il valait mieux qu'il revienne sur sa décision s'il ne voulait pas avoir un beau scandale sur les bras. Quant à mon beau-père, il n'était toujours pas remis de sa colère. Finalement, le prêtre n'était plus très sûr de son accusation. Le lendemain, je reprenais la retraite avec les autres. Je revenais dans le monde des chrétiens. On ne me montrerait pas du doigt.

39

En costume à moitié débraillé, travaillant le poisson, pataugeant dans le sang et la tripaille.

1960, Saint-Pierre-et-Miquelon.

Terre-Neuve, mer de Norvège, Terre-Neuve. La pêche avait repris ses droits. Et, malgré l'absence de prêtre à bord, le *Belle-Normandie* a fait une très belle année.

Mon meilleur souvenir est une escale à Saint-Pierre. Nous y sommes restés pendant quatre jours. C'était la première fois que j'y retournais depuis 1945.

La ville n'avait pas beaucoup changé, peut-être un peu plus de cafés que dans mon souvenir.

Je venais charger du sel pour quarante tonnes. Les hommes se sont préparés à descendre à terre. Passage aux douches, rasage, ils ont défroissé leur veste et leur complet rangés au fond des caissons. Un air de fête planait sur le bateau. Les hommes aimaient bien Saint-Pierre. On s'y amusait vraiment.

Les femmes, les hommes commencent à y penser quand ils approchent des côtes et même si personne ne parle la même langue, on arrive toujours à s'entendre. Saint-Pierre-et-Miquelon est un village de cinq mille habitants. Quand arrivait un chalutier, ils ouvraient toujours le bal. Lorsque, à l'approche du port, le consignataire de l'armement nous répondait : « Pas de Français, pas d'Espagnols d'annoncés », les hommes étaient contents. Ils savaient que nous serions le seul bateau et que la fête était seulement pour eux. Les jeunes filles s'amusaient. Mais elles n'étaient pas nombreuses et ça ne les empêchait pas de se montrer sérieuses. La plupart étaient mariées, certaines avec des Espagnols, d'autres avec des gendarmes mobiles en poste.

Pour les vieux marins, la bordée, c'était plutôt le boujaron. Là, ils buvaient entre eux et sans limites. Le truc, c'était surtout de mettre un maximum de bazar dans les bars ou de s'écrouler sous les tables.

Saint-Pierre n'est jamais pris par la banquise. Mais dans la nuit, des vents d'est se sont levés. Avec le courant, les glaces ont dérivé et le port s'est bloqué. Impossible de sortir.

Il faut imaginer soixante marins lâchés dans Saint-Pierre pendant quatre jours et quatre nuits. J'ai bien cru que je ne les reverrais jamais, qu'ils allaient tous faire souche. En général, on s'arrangeait pour arriver en fin d'après-midi et repartir le lendemain afin de donner une nuit complète à terre à l'équipage. Il ne faut surtout pas appareiller le matin. La moitié des hommes ne serait pas là.

Quatre jours, c'était dur. Les gars ont fait la fiesta pendant tout ce temps. J'ai dû aller les récupérer dans les bistrots. Les uns sortaient par la porte pendant que les autres rentraient par la fenêtre.

Dès que les vents dominants d'ouest sont revenus, le temps s'est dégagé. Quand on a une banquise compacte, le bateau ne peut pas passer, mais dès le moment où les eaux deviennent libres, on pousse les plaques de glace en gardant son cap. Nous avons finalement réussi à retrouver tout le monde et à appareiller en début d'après-midi.

Pour quitter le port de Saint-Pierre, nous suivions une sonde de cent mètres, ainsi, malgré la brume, on pouvait sortir. J'étais avec un jeune marin qui faisait le quart avec moi.

« Capitaine, capitaine, ça détecte ! Si, si, venez voir ! »

Il y avait plein de poissons en rade. J'ai ralenti et l'on a mis le chalut avec les quelques hommes en bon état. Quand les autres se sont réveillés, ils se demandaient où ils étaient. Le pont était plein de poissons. En dix minutes, nous en avions sept tonnes. Mais pour avoir le reste de l'équipage, c'était une autre affaire. Certains étaient encore en chemise, avec la cravate et les boutons de manchette, en costume à moitié débraillé, travaillant le poisson, pataugeant dans le sang, la tripaille, les mains baignant dans l'or blanc. Nous étions tombés sur un filon.

Après trente-six heures, on quittait la rade. Les cales étaient pleines de poissons, on faisait route vers la France. Un coup extraordinaire.

40

Je vous remercie, mais aujourd'hui, je peux me payer le déjeuner. Je n'ai pas besoin de vous.

1960, Fécamp.

Nous sommes rentrés un mois avant les autres. L'équipage était content et moi aussi. J'ai été invité par mon armateur au congrès annuel des assistantes sociales de Seine-Maritime. Il était fier de moi. Ce colloque n'avait pas grand-chose à voir avec la Grande Pêche. Mais je devenais quelqu'un de respectable, un notable que l'on est content de présenter.

À ce congrès, se trouvaient différents armateurs, l'administrateur des Affaires maritimes. J'ai immédiatement reconnu l'une des assistantes sociales à sa démarche rapide et toute de noir vêtue. Celle qui venait pendant la guerre apporter des bons pour la viande et pour le pain à nos voisins d'en face. Elle qui ne se retournait jamais vers nous, qui étions trop propres, trop bien élevés pour demander quelque chose.

À la fin de la matinée, elle s'est approchée. Elle est venue avec trois de ses collègues. M'a salué, souri et m'a demandé si elle pouvait m'inviter à déjeuner. Je lui ai rendu son sourire : « Je vous remercie, mais aujourd'hui, je peux me payer le déjeuner. Je n'ai pas besoin de vous. »

Quelques jours auparavant, j'avais également rencontré l'inspecteur qui m'avait arrêté pendant la guerre et accusé d'avoir volé les colis des prisonniers. Il était devenu commissaire. Il est venu me féliciter pour ma pêche exceptionnelle. Il ne m'avait pas reconnu. De toute façon, il ne se souvenait pas de l'affaire.

Jacques Mazoyhié m'a regardé longuement. J'étais triste. Si certains me jalousaient, d'autres me faisaient des courbettes. Et, moi, je voyais le petit enfant qui courait les rues en ramassant quelques pommes de terre pour nourrir sa famille.

Comme on dit, on pardonne, mais on n'oublie pas. Puis Mazoyhié a haussé les épaules et m'a emmené avec lui. Il avait coutume de dire que la vie est un plat de merde et qu'on en mange un morceau un petit peu tous les jours.

41

J'allais quitter Fécamp et trente ans de ma vie.

21 mai 1961, Fécamp.

Depuis mon premier embarquement, je savais qu'à la mer tout peut arriver. Encore une fois, tout est allé très vite.

Un matin, j'ai reçu un coup de téléphone de l'armement Pleven de Saint-Malo : « Legrand, directeur de l'armement Pleven. On souhaiterait vous rencontrer. »

Évidemment, quand on a ce genre d'appel téléphonique, on fait rapidement le rapprochement. Je savais qu'ils avaient un navire-usine en construction et qu'ils ne se déplaçaient certainement pas pour me parler de la taille de la morue.

Le dimanche suivant, Victor Pleven et Yves Legrand arrivaient chez moi. Je venais d'avoir trente ans et ils me proposaient de commander le *Colonel-Pleven*, le tout nouveau chalutier à rampe arrière, le plus moderne de France.

À peine sortis de la maison, Jacques Mazoyhié m'a appelé. Je l'avais mis au courant de cette rencontre et forcément, il voulait savoir. Son bureau, je le connaissais bien. Tous les matins quand je n'étais pas en mer, j'y retrouvais là, face au large, les autres capitaines. Mazoyhié aimait bien nous voir, nous parler.

C'est chez lui que j'avais commencé à naviguer. Lui qui m'avait permis de devenir capitaine en me faisant un prêt d'honneur et en me garantissant un contrat de commandement. Dans la Marine, c'est une pratique courante. Les armateurs font ce genre de prêt pour s'attacher des officiers.

Assis face à Mazoyhié, cette fois c'est moi qui lui ai demandé si dans l'hypothèse où il sortait un chalutier de ce type dans les deux ans, il m'en donnerait le commandement. À la mer subsiste une autre coutume : celle de toujours confier un bateau moderne au capitaine qui a le plus d'ancienneté. Je connaissais malheureusement sa réponse. Elle est tombée sans appel. Je commandais depuis cinq ans aux Pêcheries de Fécamp, j'étais en tête de peloton des capitaines de pêche, mais j'étais le plus jeune et d'autres étaient de très bons pêcheurs avec plus d'ancienneté. C'est à eux qu'on le confierait.

À midi, ma décision était prise. J'allais quitter Fécamp et trente ans de ma vie.

42

J'ai signé mon contrat à trois heures du matin. Il tenait en quinze lignes.

21 mai 1961, Saint-Malo.

Il est très rare qu'un armateur se déplace pour faire une proposition. La démarche de Pleven était exceptionnelle. En venant avec Legrand, son directeur d'armement à mon domicile un dimanche, il avait son idée. Il souhaitait que ma femme soit là, au moment où il me ferait sa proposition d'embauche. Il considérait qu'il faut toujours intéresser les épouses aux nouveaux projets. Mais Legrand, son directeur d'armement, avait des lunettes noires. Il les a gardées pendant tout notre entretien. Ce n'est pas ainsi que je souhaitais parler de mon contrat.

Le mardi suivant, j'étais à Saint-Malo chez Pleven. Nous avons discuté une bonne partie de l'après-midi. Comme aux Pêcheries de Fécamp, le bureau sentait bon le port. Legrand avait installé une sécherie derrière les bureaux et la morue imposait sa marque. Une marque dont on se défait difficilement.

Nous sommes partis dîner au restaurant de la « Duchesse Anne ». Une institution malouine installée au cœur même du rempart. Manifestement Pleven était ici bien connu. Du bar en acajou, une femme élégante s'est levée en souriant pour nous serrer la main. Les serveurs en habit ont salué d'un geste discret. Pleven plaisantait avec les uns et les autres.

« Qu'est-ce que le chef nous propose aujourd'hui ? »

Le service semblait s'être arrêté pour lui. À peine assis, le sommelier a présenté les vins. Pleven avait mis les petits plats dans les grands. Quand nous sommes sortis, la nuit était déjà bien avancée.

Dans ces cas-là, il vaut mieux garder la tête froide. Il ne faut jamais boire, en tout cas, jamais tout seul, que ce soit avec l'armateur ou ailleurs. À la Grande Pêche, les armateurs ont longtemps attiré les hommes avec des barriques d'alcool. On disait que c'était la boette, l'appât des marins, tout comme les bulots ou l'encornet étaient celui de la morue. Il ne faut jamais se laisser prendre au dépourvu. C'est la règle. Que l'on fasse un bon ou un mauvais voyage, c'est pareil. C'était un de mes capitaines qui m'avait donné ce truc.

« Quand tu réussis, tu donnes un tour de vis à l'armateur. Et il ne faut jamais desserrer l'étau. »

Nous sommes retournés à l'armement et j'ai eu tout ce que j'avais demandé. Legrand s'est assis et sous ma dictée, il a tapé lui-même le contrat sur une petite machine à écrire. Nous l'avons signé à trois heures du matin. J'avais carte blanche sur le choix de mon matériel, des vivres, de mon équipage, et cinq pour cent d'intéressement sur les résultats de mon bateau. Le tout tenait en quinze lignes. On dit tout en quinze lignes.

43

L'un des armateurs devait écrire à la fourchette.

Décembre 1961, Saint-Malo.

J'ai fini mon année aux Pêcheries de Fécamp et je suis arrivé un soir de tempête à Saint-Malo avec Pascal Pierre, mon chef mécanicien. Nous devions préparer le prochain voyage et nous avions rendez-vous le lendemain avec Pleven. La mer explosait sur les remparts et le vent s'engouffrait dans les rues ruisselantes de l'intra-muros. L'armement nous avait réservé deux chambres à l'hôtel de l'Univers. Je n'aime pas m'arrêter dans les bistrots, mais mon chef mécanicien avait voulu boire un verre. Ma première vision de Saint-Malo, c'était ce bar avec ces hauts tabourets. Le serveur passait avec des plateaux, des couples d'Anglais et des Américains discutaient entre eux. Sur les murs, les tableaux et les photos de campagne à la Grande Pêche voisinaient avec les carapaces de tortues et d'autres souvenirs du bout du monde. Tout ici évoquait le voyage.

De l'intra-muros au bureau de l'armement, il n'y avait que le port à traverser. Les bureaux des Pêcheries Pleven se trouvaient à l'extrémité du bassin Duguay-Trouin, à côté des silos à grain. Les quais étaient encombrés de bois et de charbon. Les grues s'activaient. Les hommes, occupés, ne se retournaient pas sur notre passage.

Les chantiers de l'avenue Louis-Martin, d'où étaient sorties les plus belles goélettes, s'étaient remis au travail. Mais les temps avaient changé. Raymond Labbé avait racheté le chantier Craipeau, connu pour ses thoniers et ses baleinières, et construisait maintenant également des voiliers pour John Illingwort et Éric Tabarly. Les chantiers-bois commençaient à être concurrencés par la construction métallique installée quai Garnier du Fougeray, plus adapté aux grosses unités.

Reconstruite à l'identique, Saint-Malo semblait reprendre ses marques. Le mimétisme avec la période d'avant-guerre était tel que, vu de l'extérieur, on ne pouvait se douter qu'elle avait été détruite.

Le môle des Noires était redressé, tout était comme avant. Mais on venait de remonter les bassins, les écluses et les pertuis, sans tenir compte de l'évolution de la taille des bateaux. On parlait de développer de nouveaux trafics, d'intensifier celui des voyageurs trans-

Manche et d'aménager le bassin Vauban pour la plaisance. Mais, quant à la Grande Pêche, les armements avaient beaucoup souffert de la guerre et l'on n'en parlait pas beaucoup.

Depuis que les chalutiers avaient remplacé les voiliers, de nombreux ports morutiers avaient disparu. Pour les autres, la concurrence s'était intensifiée. En 1900, Lorient fut le premier à envoyer un chalutier en Islande. Trois ans plus tard, Boulogne en arma quatre, puis ce fut Arcachon, Gravelines, Fécamp et Saint-Malo. La modernisation nécessitait des fonds importants, obligeant les armements, généralement familiaux, à trouver des capitaux extérieurs. Ceux qui ne réussirent pas à se reconvertir disparurent entre les deux guerres. Dans les années cinquante et soixante, les trois principaux ports restaient Saint-Malo, Fécamp et Bordeaux.

Mais à Saint-Malo, depuis que l'armement Chevalier avait vendu son dernier bateau *L'Angélus*, ils n'étaient plus que cinq à se partager la Grande Pêche. J'avais bien connu le dernier capitaine de chez Chevalier. Pendant longtemps, je l'ai vu rouler en 4 CV dans Fécamp. Il avait tout perdu.

Pour son dernier voyage, il avait été payé en actions. Mais l'armement avait été mis en règlement judiciaire avec un très lourd passif. Comme dans bien des affaires de l'époque, c'était une société en participation. Or, dans ce type de montage, si les porteurs sont rémunérés en fonction de leurs apports, ils sont aussi solidaires vis-à-vis des créanciers. En guise de paye, il était resté avec des bouts de papier et comme il était solvable, on avait saisi tous ses biens.

Un autre porteur de parts avait également eu des surprises, l'acteur Daniel Gélin. Sa famille s'était installée à Saint-Malo. D'ailleurs, avant d'être acteur, il avait travaillé dans une sécherie de morue. Il venait d'hériter de son père un grand nombre d'actions de l'armement Chevalier. L'affaire avait fait grand bruit. Le tribunal de commerce de Saint-Malo n'avait pas reconnu la solidarité, mais l'affaire portée en appel avait donné raison aux créanciers.

Dans les bassins, les chalutiers étaient rentrés de leurs campagnes. Le *Pingouin* de la société des Pêcheries Malouines, *L'Ardi*, le *Clairvoyant*, le *Louis-Girard*, des Chalutiers Malouins et *L'Heureux* de la SAPI étaient à quai.

Le *Colonel-Pleven I* et l'*Alex-Pleven*, les bateaux blanc et vert de l'armement des Pêcheries Pleven étaient là, amarrés le long des bassins. Et moi, je revoyais les quais de Fécamp avec leurs dix-huit beaux chalutiers. Si Saint-Malo occupait la première place des ports morutiers bretons pendant le XIXe siècle, Fécamp devenu, dès 1850, le premier port normand, l'avait dépassé dans les années soixante.

Mais Pleven semblait savoir ce qu'il voulait. Ancien capitaine de pêche, il avait acheté son premier trois-mâts goélette en 1930. Grâce à ses gains et tout en continuant à naviguer dans un armement bordelais, il avait créé à Saint-Malo, dans les années trente, les Pêcheries Pleven, un armement destiné à une activité de Grande Pêche salée à Terre-Neuve. En 1954, il s'était associé avec l'armement Glatre, les Pêcheries Malouines, Girard et les Chalutiers Malouins, pour fonder une sécherie sur les quais. Dès lors, les Malouins n'avaient plus besoin de passer par Bordeaux, qui pendant longtemps avait avec Fécamp le monopole de l'exportation. Ils envoyaient directement leurs cargaisons vers les pays chauds.

Je connaissais bien cette sécherie. Quelques années auparavant, le syndicat des armateurs avait demandé à plusieurs capitaines de différents armements une expertise. Il y avait eu un problème sur les quantités et les tailles de morues livrées à La Palisse. L'un des armateurs devait comme on dit « écrire à la fourchette ». Avec ce procédé, d'une ligne on en faisait quatre et les soldes s'en portaient mieux. À la suite de l'expertise, les comptes étaient devenus bons.

Je connaissais aussi un peu Pleven. Je l'avais croisé lors d'une livraison à Fécamp. Un jour où il avait un peu exagéré. Dans les cales, certains s'amusent à asperger d'eau la morue pour lui faire reprendre du poids. Ça ne marche pas toujours. Tassée et salée, elle est si compacte qu'elle n'absorbe rien. Mais Pleven tenait à son truc. Ce jour-là il avait un peu abusé. Quand l'acheteur était arrivé, les morues bavaient leur excédent d'eau. Ils s'étaient presque battus.

Mais, comme Joseph Duhamel, c'était lui aussi un grand bonhomme. À Saint-Malo, tout le monde le respectait.

44

Mais je me demande si Pleven ne s'amusait pas de ces joutes, comme s'il me testait.

Janvier 1962, Saint-Malo.

Comme le *Colonel-Pleven* était encore en construction à Nantes, pour mon premier voyage, l'armement m'a confié l'*Alex-Pleven*, un chalutier classique plus moderne que les autres. Construit en 1958, de plus de soixante-dix-sept mètres de long et de douze mètres de large, il était l'un des plus grands chalutiers français. À bord, tous les systèmes étaient électriques. Mais la nouveauté de ce bateau était son pont couvert, une grande révolution dans les méthodes de pêche. Les hommes pouvaient travailler le poisson à l'abri, sur le pont situé juste en dessous du pont supérieur.

Je l'avais dépanné en mer l'année précédente alors que j'étais sur le *Belle-Normandie*. Et je savais qu'il n'y avait pas grand-chose à bord.

Legrand, le directeur d'armement, s'occupait de toute la partie technique des bateaux et Pleven, en tant qu'ancien capitaine, du matériel de pêche. Mais il fallait sans cesse que je rappelle les conditions de mon contrat. Je voulais choisir en qualité et en quantité ce que j'embarquais. Ce n'est pas parce qu'on a du matériel qu'on le gaspille, c'est une sécurité. Ce sont des conditions que vous devez faire inscrire quand vous entrez dans un nouvel armement.

Dans mes premières années de commandement, j'étais obligé de tricher. À l'époque, on n'embarquait pas de rouleaux de papier toilette. C'était un luxe. Quand on faisait escale au Canada ou ailleurs, nous en commandions et nous le faisions facturer en pommes de terre ou en viande.

Un matin, j'étais avec le fondé de pouvoir de l'armement de Fécamp. Nous finissions de préparer le bateau. Avec les anciens, on avait appris certaines astuces qui se pratiquaient régulièrement. Il faut parfois savoir prendre la tangente, pour faire comprendre les choses aux gens. Et pour voir sa réaction, j'avais mis du papier toilette sur ma liste. Il ne comprenait pas.

« Mais vous n'y pensez pas !

— Mais qu'est-ce que vous croyez ? On veut changer les choses, c'est tout. Vous pensez bien que l'on triche et mes collègues avec. Quand on fait escale, on en achète et vous le payez de toute façon, mais sans vous en rendre compte. »

Il a accepté, mais ça n'a pas été facile.

À Saint-Malo, malgré les conditions de mon contrat, c'était pareil. Pleven discutait sur tout.

« Vous pensez qu'il faut ça, d'accord, vous prenez un bateau, moi l'autre, avec le matériel que je vous demande et on verra bien la différence. »

Mais un matin, on m'a rapporté une histoire qui m'a fait sourire. Pleven était allé chez un fournisseur avec un autre capitaine à qui il avait réussi à faire commander ce que lui, armateur, souhaitait. En sortant, il a dit que ce capitaine était un imbécile.

« Au moins Leborgne il râle, mais il sait ce qu'il veut. »

Pleven était un ancien capitaine, il comprenait très bien. J'en ai vu qui n'osaient pas venir où nous étions parce que justement ils ne pouvaient pas assurer leurs arrières.

Pour les vivres, c'était pareil, j'étais obligé de tout vérifier. Sur la liste que m'apportait la secrétaire, il n'y avait que cinquante kilos de beurre. Avant que je n'arrive, ils n'en embarquaient pas plus. Moi, j'en demandais trois cents. Je sais qu'il faut au moins ça pour soixante hommes d'équipage, si on veut leur donner une plaquette de deux cent cinquante grammes toutes les semaines par personne. À la mer, il faut toujours bien nourrir les hommes. Et ce n'est pas avec cinquante kilos de beurre qu'on peut aller loin.

Mais je me demande si Pleven ne s'amusait pas de ces joutes. Comme s'il me testait. À chaque fois, il complétait la commande.

45

C'est un métier où l'on vieillit ensemble, on s'apprécie bien à la longue.

Janvier 1962, Saint-Malo.

Je suis venu à Saint-Malo avec mes hommes. Ceux qui m'accompagnaient sur le *Belle-Normandie*. Mais la moitié seulement. Certains capitaines partent avec tout l'équipage, mais ce ne sont pas des choses à faire.

C'est un métier où l'on vieillit ensemble, on s'apprécie bien à la longue. Et, si l'on ne change pas facilement de bateau, on change encore moins facilement de capitaine. Mon second du *Belle-Normandie*, Henry, qui m'avait accompagné pendant quatre années est, lui, resté à Fécamp. Il est passé au grade de capitaine. René Prigent l'a remplacé, un Breton de Ploubalay et un très bon second.

Je n'ai plus revu mes amis d'enfance. André, mon lieutenant, a passé son brevet de capitaine et est parti commander un remorqueur au Havre. Quant à René, sa femme m'avait envoyé un mot. C'est toujours lui qui d'habitude m'écrivait. Je savais que le jour où il ne le ferait plus, il ne serait plus de ce monde. Son mal attrapé en Afrique du Nord pendant son service militaire avait fini par le terrasser. Nos vies s'étaient définitivement séparées.

J'ai choisi les autres marins sur les listes d'équipage que m'a confiées Pleven. Je les ai fait venir un par un au bureau. La plupart étaient originaires de l'arrière-pays, des bords de la Rance. C'étaient des Bretons.

Un jeune marin cherchait un embarquement. J'ai appris qu'il vivait sous les toits des vieux immeubles de l'intra-muros. Dans les maisons qui n'avaient pas été détruites par la guerre, avaient été casées quelques familles sans logement. Elles vivaient entre le linge à sécher de l'immeuble et un pauvre poêle à charbon. Mais s'estimaient heureuses de ne pas être dans les baraquements de la grève de Chasles inondés à chaque grande marée. L'homme n'avait jamais navigué. Il avait une bonne tête, il commencerait comme matelot.

J'étais libre de choisir mes hommes, mais Pleven a tout de même voulu s'en mêler. Il m'a fait venir. « Leborgne, je vous ai trouvé un bon chef mécanicien.

— Oui, mais j'en ai déjà un. Le gars dont vous me parlez, je n'en veux pas.

— Mais comment je vais faire ?

— Vous allez vous débrouiller, monsieur Pleven. »

Il insistait.

« Écoutez, monsieur Pleven, vous ouvrez le tiroir de gauche de votre bureau et vous relisez mon contrat. »

La coutume veut que le capitaine choisisse l'équipage, sauf le chef mécanicien, désigné par l'armateur. Les armateurs n'ont pas intérêt à décider de l'équipage, parce que si jamais ça ne va pas, ça se retourne contre eux. Le capitaine ne va pas se gêner pour leur dire. Le chef mécanicien est également responsable du choix de ses hommes à la machine. C'est à lui de les connaître et de les choisir. Mais j'en avais un qui avait navigué avec moi à Fécamp, il avait été longtemps au commerce et je m'entendais bien avec lui. Je ne voulais surtout pas de l'autre. Je crois que Pleven a été obligé de lui donner une compensation financière.

46

On a corné trois fois. Ceux qui savent nous ont entendus.

15 février 1962, « Alex-Pleven ».

Le matin, j'avais quitté ma famille à Fécamp. Sur le pas de la porte, je leur avais dit au revoir. Je ne souhaitais pas qu'ils m'accompagnent pour ce premier départ malouin. Quand on s'en va, on s'en va.

Le dimanche précédent, ils étaient tous venus à la bénédiction des bateaux. À Saint-Malo, on l'appelle la Sainte-Ouine. Comme à Fécamp, en Bretagne nous avons eu la grand-messe, avec cette fois l'archevêque de Rennes. La procession est descendue sur les quais, a marqué un arrêt devant la Vierge de la grand-porte. L'archevêque a embarqué sur le bateau-pilote pour jeter une gerbe à la mer et bénir chaque bateau. Les notables suivaient à bord des vedettes. Et sur les quais noirs de monde, on était obligé de bloquer les accès des chalutiers sur lesquels tout le monde voulait monter. L'*Alex*, envahi par la foule, penchait déjà dangereusement côté bassin. Une vraie fête. Elle a continué au casino où devait suivre le bal. Cette bénédiction n'est pas très ancienne, elle date de 1926. On m'a raconté qu'avant la guerre, les laïcs avaient organisé une contre-procession. Pour eux, il n'était pas question que l'Église s'empare de ce départ des terre-neuvas. La journée s'était terminée en bataille groupée sur les quais.

Les marins commençaient à se retrouver rue de la Soif, le long des remparts. À cette époque, d'un bout à l'autre, les cafés et les hôtels borgnes se succédaient. De bar en bar, la tradition voulait que l'on fasse toute la rue jusqu'à plus soif. D'autres s'éloignaient vers la rue Thévenard, réputée pour ses maisons de passe. On frappait discrètement et une porte s'ouvrait aussitôt. Au moment de la Sainte-Ouine ou lorsque des bateaux de guerre étaient annoncés, on disait que ces maisons allaient chercher des renforts du côté de Cancale. Les femmes venaient aussi de la campagne. Elles se partageaient les marins de la Royale et les morutiers.

Mes enfants, eux, voulaient m'emmener sur les manèges, mais il n'y a pas un truc au monde qui me donne autant le mal de mer.

Le mardi suivant, à la marée du soir, nous avons appareillé. Les autres chalutiers étaient, eux, partis à la marée du matin.

Logiquement quand le bateau s'éloigne des quais, les adieux sont faits, c'est fini. À Saint-Malo, c'est un peu différent. On largue les amarres. Le chalutier quitte le bassin, puis s'arrête aux écluses. Les familles suivent et les adieux se répètent. Certains retardataires arrivent à ce moment-là. Mais on peut aussi à quai faire l'appel, avoir tout son équipage et en perdre ensuite deux ou trois. J'en ai vu comme ça qui ont débarqué leur sac. Ils ont sauté à terre et ne voulaient plus partir.

C'étaient de jeunes marins. Je n'allais pas les forcer. Ces gars-là étaient déjà malades avant même de prendre la mer. Le mal de mer, c'est très dur. J'en ai souffert toute ma vie, mais toujours avant d'embarquer. D'autres, c'était quand ils débarquaient. Ça disparaît dès le début du travail et on n'y pense plus. Si on est trop malade, de toute façon, on ne peut pas continuer ce métier. Ce n'est pas donné à tout le monde. Je sais que lors de mon premier voyage, si j'avais eu une porte de sortie, je n'aurais jamais connu cette carrière.

À Saint-Malo, je n'ai pas vu de Vierge à la sortie du port. Mais en passant le môle des Noires, comme à Fécamp, nous avons corné trois fois. Ceux qui savent nous ont entendus.

47

Non seulement je n'avais que trente ans, mais en plus, je n'étais pas d'ici. J'étais un étranger, un de Fécamp.

Avril 1962, route vers la France.

La décision de partir chez Pleven n'avait pas été facile à prendre. On était venu me chercher parce qu'on ne voyait pas de capitaine compétent pour prendre ce superbe navire. Mais cela n'a pas plu à tout le monde. Faire venir de Fécamp un capitaine pour commander ce tout nouveau chalutier était considéré par les Malouins comme une véritable offense. Les Bretons me jalousaient et je venais prendre leur travail. Non seulement je n'avais que trente ans, mais en plus, je n'étais pas d'ici. Je n'étais qu'un étranger, un de

Fécamp. Avant le départ, j'avais vu certains se retourner sur mon passage, d'autres baisser la voix.

J'avais gardé mes arrières et laissé ma famille en Normandie. Il faut toujours laisser voir venir. Malheureusement, depuis mon embarquement comme second, alors que je n'avais que dix-neuf ans, je connaissais ce genre de défiance et de jalousie. À Saint-Malo, c'était pareil. Je savais qu'il n'y aurait pas de cadeau. Si je voulais me faire respecter et faire cesser les bruits qui courent, je devais pêcher mieux que les autres. Si ça ne marchait pas, il me faudrait, comme quand j'étais jeune marin, recommencer mon apprentissage ailleurs.

Heureusement, l'*Alex-Pleven* marchait bien. Avec le pont couvert, en pêche, les hommes étaient plus protégés. On est finalement montés plus au nord. Là où il y avait plus de poissons. Monter au nord était la bonne décision à prendre, un très bon voyage, sans escale. Neuf cent soixante tonnes en cale en rentrant avant les autres. Ça allait faire taire tout le monde.

J'ai débarqué à Brest. Le bateau devait livrer sa cargaison au Portugal. Mon second prenait la suite du voyage. Mon armateur m'attendait pour surveiller les finitions de la construction du *Colonel-Pleven* à Nantes.

48

C'est vrai que les ingénieurs ne sont pas des marins.

Avril 1962, Saint-Malo, Nantes, Fécamp.

Lorsque Pleven et Legrand étaient venus me voir à Fécamp pour me faire leur proposition d'embauche, ils ne voulaient pas m'en dire trop. C'était normal, j'étais chez un concurrent. Je n'ai vu les plans du *Colonel-Pleven* qu'après avoir signé mon contrat. Mais, quand j'ai accepté de prendre ce tout nouveau chalutier ultramoderne, il y avait quand même un problème majeur qu'il a fallu résoudre. En effet, tous les plans étaient préparés sur la base de quarante-huit hommes. J'étais intéressé par le projet, par le bateau, mais pas avec quarante-huit marins : « Si vous me faites soixante couchettes, c'est d'accord. Sinon, ce n'est pas la peine. »

Les ingénieurs se sont réunis pour aménager un poste d'équipage sur le côté bâbord pour douze personnes. On est passé de quarante-huit à soixante et il fallait ça. Il y avait alors trois postes d'équipages, avec douze hommes dans chaque.

C'est avec du monde que l'on gagne les guerres, pas avec un fusil et une hache. C'est une erreur de penser qu'en modernisant on peut diminuer le nombre d'hommes. On peut surtout augmenter la productivité et réduire les accidents. Les pêcheurs ont le taux le plus élevé d'accidents du travail. L'une des raisons est liée au manque de sommeil en période de pêche. Depuis toujours, c'est le fond de la mer qui commande.

Au-dessus de soixante hommes d'équipage, il faut un infirmier. En général, les bateaux restaient en dessous. À la passerelle, il y a cinq personnes : un capitaine, un second, deux lieutenants, un radio. À la machine, sept personnes. En cuisine, cinq autres : un cuisinier, un boulanger, un aide, un maître d'hôtel et un postal pour servir l'équipage. Cela fait déjà dix-sept personnes. Et il n'en reste que trente et une pour un bateau qui a les capacités de fabriquer quarante tonnes de poisson par jour. Les contrats d'engagement de la convention collective Grande Pêche prévoient pour l'équipage un cinquième des produits bruts de la pêche. Diviser par quarante ou soixante, ça ne change rien pour l'armement. Et si vous êtes soixante, vous irez plus vite à charger.

Le *Colonel-Pleven* était un navire de soixante-dix-huit mètres de longueur hors tout et de douze mètres de largeur. Je me suis passionné pour le suivi de ce chantier. Je partageais mon temps entre Saint-Malo, Nantes où se trouvait le bateau et Fécamp où j'habitais toujours. Nous étions chaque semaine en réunion, on échangeait, on avançait. J'écoutais les ingénieurs. J'ai retrouvé un des hommes qui s'était occupé quatre ans auparavant des travaux du *Belle-Normandie*. J'aimais toujours autant son franc-parler. Il était devenu ingénieur en chef des Chantiers de l'Atlantique. Mais il n'avait pas pour autant la grosse tête. Je prenais des notes. Puis à mon tour, je leur parlais du métier. Enfin j'essayais et eux inscrivaient sur leurs carncts tout ce que je disais. Je voulais comprendre comment allait travailler ce nouveau chalutier. C'était une révolution dans la pêche. Les ingénieurs étaient étonnés. Ils étaient persuadés que j'avais déjà navigué sur ce type de bateau. En fait, ça faisait longtemps que je les observais en mer. Après la guerre, les Anglais avaient été les premiers à transformer les frégates en chalutiers pêche arrière. Les Russes aussi s'y étaient mis. Je savais qu'il y avait au moins deux ou trois chalutiers de cent vingt-six mètres de long qui étaient de véritables conserveries flottantes. En 1958, à Holsteinbor, port du Groenland, j'avais retrouvé un capitaine de pêche des îles Féroé avec qui je m'étais lié d'amitié. Il avait été embauché par les Anglais pour commander l'un des premiers rampe-arrière, le *Fairtree II*. Quand il m'en parlait, il jubilait. Avec ce bateau, rien n'était plus pareil, il pouvait aller où il voulait. C'était un navire qui faisait du filet de poisson congelé. Par la suite, ils sont passés au poisson congelé entier. C'était mieux paraît-il pour le *fish hand ship*, dont les Anglais sont très amateurs.

Il me paraissait étrange que personne n'ait pensé plus tôt à construire ce type de navire. C'est vrai que les ingénieurs ne sont pas des marins, et les marins des ingénieurs. On avait pourtant vu des bateaux étrangers fonctionner ainsi. Mais chez nous, il avait fallu attendre 1962 pour voir enfin ces améliorations parvenir en France, à Saint-Malo.

Legrand m'accompagnait presque à chaque fois. Il était passionné de technique de pêche et d'évolution navale. Si Pleven a eu le premier chalutier rampe arrière de France, c'est bien grâce à lui. Et s'il avait su l'écouter, en 1958, l'*Alex-Pleven* aurait été un rampe-arrière et non un pont couvert. Mais Pleven à l'époque se voulait prudent.

Nous déjeunions toujours dans la même gargote du coin de la rue, un bistrot enfumé où l'on parlait fort. Legrand faisait ses comptes pendant tout le repas et griffonnait sur la nappe en papier.

« Quarante poissons à la minute, deux mille quatre cents à l'heure, par deux cents grammes chaque… quatre cent quatre-vingts kilos, par… »

Je ne l'écoutais plus. Je savais que ça ne marcherait jamais comme ça. Sur les machines, on allait chaque jour avoir des couteaux à changer, des réglages très précis à faire, un jour sur une, un autre sur toutes. On ne serait jamais sûr de garder la même cadence. Lui de toute façon n'entendait rien. Il était tout à ses calculs et à ses chiffres.

49

Sur ce bateau, ils perpétuaient des méthodes qui dataient de cinq siècles.

24 août 1962, « Colonel-Pleven ».

Le 24 août 1962, le *Colonel-Pleven* appareillait de Nantes. Le 24 août est devenu pour moi un jour fétiche. Le 24 août 1945, j'avais embarqué comme mousse. Le 24 août 1957, c'était mon premier embarquement comme capitaine, sur un bateau qui portait le même nom que celui de mon premier embarquement. Et, le 24 août 1962, nous appareillions de Nantes à bord du *Colonel-Pleven*. Il y a des coïncidences étranges qui deviennent des signes du destin.

À peine six jours pour faire la traversée jusqu'aux bancs. Le château était illuminé dans la nuit. La mer brillait sous la lune.

Les chalutiers classiques avaient tous le château à l'arrière. Sur le colonel, il était passé au centre du bateau, il dominait la mer. À tribord, ma cabine et mon salon. À bâbord, la cabine du second et celle du radio. Le bateau était magnifique. Le lierre que j'avais embarqué sur la passerelle s'épanouissait. Il commençait à faire des petites pousses.

Tout était décidément très facile, il n'y avait pas de comparaison possible avec les « classiques ». Nous avions surtout énormément gagné en sécurité. Avec les bateaux, qui chalutaient sur le côté, nous étions très vulnérables. Il fallait avoir en permanence les yeux sur tout le monde. Avec le rampe-arrière, nous embarquions tout le chalut d'un seul coup. On ne risquait rien.

Pendant les deux opérations principales, de filage, quand on le met à l'eau ou de virage, quand on le remonte, nous n'embarquions pas d'eau ou très rarement, parce que le bateau continuait à avancer, pas très vite, mais tout de même de l'ordre de deux, à trois nœuds. Quand nous virions le chalut, on était à une vitesse de un à deux nœuds. On ne risquait rien, quel que soit le cap, même vent debout.

Quand nous avons filé le chalut pour la première fois, nous naviguions cap au nord. Je devais virer. Il y avait un peu de mer. Dès que le chalut a décollé du fond, il a fallu que j'abatte un peu d'un côté. Je me suis retrouvé en travers et à ce moment-là le bateau a pris un petit peu de vitesse, de l'ordre d'un demi-nœud à un nœud. Je n'ai pas voulu aller trop vite pour ne pas fatiguer le chalut. Quand il a été remonté à bord, on s'est retrouvé pratiquement vent arrière. Et là encore, le bateau a pris un peu d'erre, et a augmenté encore sa vitesse de deux à trois nœuds. Une lame a déferlé et avec le remous de l'hélice qui casse la mer, elle s'est arrêtée dans le haut de la rampe et non sur le pont.

Sur les autres bateaux, le pont était proche de l'eau. Quand une lame arrivait, elle passait en général par-dessus bord. Sur le *Colonel-Pleven*, on pouvait travailler par n'importe quel temps, on savait que les hommes étaient protégés.

Au pont inférieur se trouvait l'usine filetage, ensachage et congélation. Un boucan de ferraille en mouvement, de tapis roulants dans la lumière des néons. Le travail du poisson se simplifiait. Quand la morue arrivait sur le pont elle était stockée dans des réserves, puis triée manuellement. Elle passait sur des tapis roulants, était distribuée par taille. Ensuite, filetée à la machine, elle partait au dépouillage. C'est-à-dire qu'on lui enlevait la peau et on la lavait. Elle était enfin empaquetée et congelée, une grande révolution. On avait baissé la température de dix à moins vingt-huit degrés. Les cellules du poisson n'éclataient plus. Il était comme sorti de l'eau.

L'âcre odeur du gasoil se mêlait à celle de la morue et des embruns, saisissait les poumons. Le parfum du grand métier s'installait peu à peu à bord du grand chalutier neuf. Les hommes en tablier continuaient à produire deux tiers de morue salée. Sur ce bateau, ils perpétuaient des méthodes qui dataient de cinq siècles. Il y a des habitudes qui se changent difficilement.

50

Ils s'y attaquaient à coups de pioche, de piochet, de pelle.

Septembre 1962, Terre-Neuve.

J'ai allumé ma dix-septième gitane de la journée. Je n'ai jamais fumé. J'avais juste besoin d'avoir quelque chose dans les mains.

Malgré les capacités étonnantes de ce bateau, nous avions un problème. Trente jours de mer et seulement deux cents tonnes en cale. Encore une fois, je ne devais pas me tromper. Pleven me l'avait bien fait comprendre. Je lui coûtais cher avec mes exigences en matériel et en vivres et c'était le deuxième navire que je réarmais entièrement en six mois.

Il y avait trop de monde à Terre-Neuve. Je n'ai jamais aimé la compagnie. Il y en a qui aiment bien pêcher derrière les autres ou qui grattent toujours au même endroit, mais ça n'a jamais été les meilleurs capitaines. Je préférais m'éloigner, chercher de nouveaux coins.

J'ai décidé de mettre le cap vers le Groenland. Je n'y étais jamais retourné depuis mon premier voyage où j'avais effectué une pêche miraculeuse dans mon couloir d'eau. Je savais que le Groenland est difficile, mais je sentais que là se trouvait la morue.

J'ai prévenu les autres bateaux, je ne donnerais plus de nouvelles avant mon retour vers la France. C'était un gros risque, nous avions encore une semaine de traversée pour y arriver, dix jours pour revenir dans la métropole. Cela nous laissait à peine dix jours de pêche. L'automne était bien installé et nous risquions de chaluter dans la glace.

Le phénomène des glaces est assez particulier. Parfois, on peut les trouver jusqu'à quarante ou quarante-deux degrés de latitude nord. Le *Titanic* a d'ailleurs coulé à cette latitude. Aujourd'hui, grâce à la météo, on peut établir une carte qui les positionne tous les jours. Mais il fallait s'attendre à ce que l'on reste bloqués plusieurs heures, même une journée.

Jour après jour, le temps tombait fraîchissant. Les hommes cassaient les congères qui se formaient. Ils s'y attaquaient à coups de pioche, de piochet, de pelle. Les mains rougissaient, la peau se cloquait, brûlée. La température de l'air atteignait moins dix degrés. Seules les parties battues par la mer ne craignaient rien. Mais le reste se trouvait en permanence sous la glace. Le bateau s'alourdissait, il tenait moins bien la mer. Sur les ondes, un chalutier anglais a donné des nouvelles. Les « gelées noires » commençaient, il nous fallait être prudents. Nous savions tous que certains coulent à cause d'un surpoids de glace.

La nuit était opaque. Un bruit de tôle froissée, nous venions de briser un berg. Nous avons stoppé et laissé passer les morceaux pour ne pas endommager l'hélice. On en distinguait d'autres à bâbord. Nous reprendrions notre route un peu plus tard.

Avec un moteur pareil, on brisait la banquise, on cherchait un trou d'eau. On testait et on continuait d'avancer. Il fallait juste faire attention à ce qu'elle ne se referme pas derrière nous. Si nous étions bloqués, marche arrière et nous tâtonnions jusqu'à trouver une moins grande épaisseur. Avec les « classiques », c'était presque impossible d'y aller, on restait toujours en bordure. Ils n'avaient pas assez de puissance, et puis la glace s'empêtrait dans les câbles du chalut qui traînaient sur le côté.

Au petit matin, la banquise nous entourait, formait une sorte de quai le long de la coque. Nous allions essayer de passer. La mer était plate, l'hélice claire. J'ai remis en route. Marche arrière, puis on a relancé, marche avant. Nous poussions la glace et louvoyions entre les morceaux. À la fin de la matinée, la mer s'est dégagée. On détectait, nous pouvions mettre en pêche.

J'ai intercepté une conversation entre deux chalutiers. En mer, j'étais toujours sur veille radio. Normalement, on ne capte pas à plus de vingt-cinq ou trente milles, mais parfois par jour de brume, on peut entendre jusqu'à trois cents milles nautiques. Décidément, dans ce métier, on ne se fait pas que des amis. Mais c'était de bonne guerre, avec ce bateau, je pouvais aller où eux ne pouvaient pas passer. Forcément cela crée des jalousies. À mon tour, j'ai pris la radio pour les saluer, ils étaient un peu gênés. Ils ne s'attendaient pas à ce que je sois moi aussi sur les ondes.

51

On inventait un nouveau code. On en avait un pour la compagnie, un pour les amis.

Octobre 1962, Groenland.

En mer, on aime bien surprendre les bateaux qui échangent entre eux à la radio. Nous, nous ne parlions jamais sur les ondes. C'était une règle que j'avais imposée. Il est toujours difficile de garder secrets les lieux de pêche ou les taches de poisson que l'on vient de découvrir. Ce n'est pas la peine d'attirer l'attention et de traîner derrière soi une armée de chalutiers. Comme ils ne nous voyaient pas, ni ne nous entendaient, ils ne savaient pas où l'on était. Alors forcément, ils s'inquiétaient. La surprise, c'est quand nous annoncions que nous faisions route vers la France. Là, ils se disaient que nous avions trouvé quelque chose.

Au sein du même armement, pour communiquer entre nous et nous refiler les bons tuyaux, nous disposions de codes. Les codes de pêche sont de vrais dictionnaires, ils s'appellent les codes compagnies. Chaque armement en a un. Ce sont de gros bouquins épais où il y a je ne sais combien de mots et même de phrases. Ils servent à garder le secret et également à réduire le nombre de mots des messages afin de payer moins cher. Mais on aime souvent mieux être codé avec d'autres armements, parfois étrangers. Il y a souvent des rivalités dans la même maison. Surtout quand on pêche mieux que les autres. Dans ces cas-là, on invente un nouveau code. On en a un pour les amis, un autre pour la compagnie. Il est préparé comme une campagne militaire et communiqué avant le départ, parfois pendant les escales.

J'étais codé avec des Espagnols, des Anglais, quelques Français de Fécamp. Avant de partir chez Pleven, j'ai travaillé pendant plusieurs semaines avec un ami capitaine. Nous avons passé des soirées entières à le mettre en place. Une petite voisine nous tapait ça à la machine. Personne n'a jamais réussi à nous déchiffrer. En revanche, j'ai toujours eu des officiers radio un peu espions. Quand vous connaissez bien votre métier, vous savez qu'il faut être bien informé. Tout le monde fait ça. Nous avons intercepté le code russe. C'est un officier radio d'origine polonaise qui l'avait décrypté. La mer de Norvège est la zone de pêche préférée des Anglais. Il faut être sûr du capitaine à qui on refile les tuyaux, qu'il ne ramène pas avec lui vingt ou trente bateaux anglais sur la tache de poisson. Si vous êtes trop nombreux à arriver en même temps, il ne reste pas grand-chose longtemps. À trente ou quarante bateaux, en deux jours c'est lessivé.

Depuis que j'étais capitaine, je pouvais avoir les cales remplies et même l'armateur n'en savait rien. Je le prévenais juste que j'étais en route pour Fécamp. Neuf cents tonnes à bord, alors que la semaine d'avant je n'en avais chargé que trois cents. J'avais fait soi-disant six cents tonnes en une semaine. Je leur ai ainsi réservé quelques bonnes surprises.

52

Mais, malgré ces innovations, le poisson continuait d'être pêché dans de l'eau entre quatre et six degrés.

Novembre 1962, Fécamp-Saint-Malo.

Le *Colonel-Pleven* devait livrer à Fécamp sa cargaison.

En arrivant, j'ai appris que Jacques Mazoyhié était mort d'un accident cardiaque. Il n'avait que trente-huit ans. Les pêcheries de Fécamp avaient perdu un homme de valeur. Depuis mon départ des Pêcheries de Fécamp, je ne l'avais pas revu. La dernière fois, c'était pour parler des hommes que je prenais avec moi pour aller chez Pleven. Il avait peur que je parte avec tous les meilleurs. Ce ne sont pas des choses qui se font. J'avais surtout pris mes amis. Je n'avais aucune raison de m'en séparer. En me quittant il m'avait parlé de son rêve, de son nouveau chalutier rampe-arrière. Il n'avait pas eu le temps de réunir les fonds nécessaires. Sans lui, les Pêcheries de Fécamp mettront longtemps à en avoir un.

Je connaissais bien les sécheurs de Fécamp, l'année d'avant je traitais encore avec eux. Ils étaient tous très curieux et inquiets de la modernisation des Pêcheries Pleven. Mais Pleven m'avait demandé de ne pas parler de résultat.

Les gars voulaient savoir.

« Alors, c'est vrai que ce n'est pas intéressant le rampe-arrière, que Pleven veut vendre ?

— Je touche ma paye, et le restant ce n'est pas mon problème. »

Personne n'osait encore se lancer dans la construction d'un bateau-usine. Chacun trouvait de bonnes raisons. C'est vrai qu'en France, le marché de la morue salée était encore très important. Ils gagnaient très bien leur argent ainsi, pourquoi changer ?

Les armateurs français le feraient, mais quatre ans plus tard, quatre ans trop tard. Au moment d'envisager une reconversion. À ce moment-là, les différentes nations avaient pris les devants de la scène maritime. Mais ça, c'est une affaire que je découvris plus tard.

Pour le moment, je n'étais que capitaine et tout ce que je voyais, c'est que, malgré les innovations du *Colonel-Pleven*, le poisson continuait d'être pêché dans de l'eau entre quatre et six degrés. Avec ces nouveaux chalutiers, il fallait innover dans les méthodes de pêche, repenser le travail du marin, on pouvait enfin transformer la vie du bord.

53

J'ai persévéré, j'ai cherché dans les bouquins et je suis arrivé à trois mètres d'ouverture.

Février 1963, Terre-Neuve.

Le radio était à l'écoute. Il captait les messages des autres chalutiers. Il m'a passé un ami qui voulait me parler. C'était Maurice Henry, mon ancien second du *Belle-Normandie*. Je l'ai invité à bord pour le déjeuner.

Je savais qu'il travaillait bien avec son matériel et qu'il ne cherchait pas à en changer. Mais les autres, eux, se perfectionnaient et récoltaient tout le poisson sous son nez. Il voulait me voir et je me doutais pourquoi. Il s'est approché, a manœuvré et est venu à bord. Il ne m'a rien demandé. Mais, à la fin du déjeuner, je lui ai donné tous mes plans et même un chalut. C'était un garçon sérieux. Il était mon poulain, j'avais envie qu'il réussisse.

En débarquant, j'avais souhaité reprendre mes recherches sur les chaluts. Le *Colonel-Pleven* offrait de nouvelles perspectives. Pendant mon escale, j'avais travaillé à Boulogne avec un technicien de l'office des pêches. On partait de mes idées, on échangeait. Puis on a fait fabriquer les pièces à terre, chez un fabricant de matériel de Boulogne, Michel Gloriant. C'était un bon copain qui avait passé sa vie à la suite de son père à concevoir des plans de chalut. Il était excellent. Il fabriquait une maquette, on l'essayait en bassin. Là, ça marchait toujours. Mais à la mer, ce n'était pas la même chose. Il fallait l'adapter.

Avec ce chalut, j'avais douze mètres d'ouverture verticale. J'ai prévenu les amis, mais ils n'avaient pas le bon matériel. Je faisais deux traits par jour, et là où je pêchais vingt-cinq à trente tonnes, les autres ne prenaient que cinq ou six tonnes.

Zones de pêche ou matériel, on ne donne nos tuyaux qu'à ceux qu'on aime bien. Pour les autres, cela reste un secret. C'est pourquoi moins les hommes en savent et mieux c'est. Même à terre. Quand un capitaine a un marin dont le cousin ou l'ami a bien pêché, c'est plus fort que lui. Il va lui demander d'aller le questionner pour en savoir plus : « Tu devrais aller lui demander comment est-ce qu'il est gréé. »

Les ramendeurs, eux, connaissaient toutes les caractéristiques, mais avec interdiction de les divulguer.

Sur le banc, j'ai aussi croisé le *Dauphin*, un chalutier de Fécamp. Il se traînait et ne pêchait rien. Je l'entendais râler sur les ondes. Il n'avait pas les bons panneaux divergents. Quelques années auparavant, nous avions eu une brouille. Il m'avait coupé la route. Cela arrive souvent quand on est nombreux sur la zone et que la tache de poisson est étroite. Les règles de priorité sont alors souvent oubliées.

Tous les capitaines ont des surnoms, il y en a un que l'on appelait « Coinquette », parce que c'était un gueulard, un autre « Bourebourre », « Zorro » et encore « Chalumeau ». Celui-là commandait les classiques où parfois les manilles forcent, se tordent. On ne peut plus les dévisser. Il gueulait tout le temps : « Vite ! Vite ! Chalumeau ! » C'était sa façon de les couper. Le nom lui est resté. J'en avais surnommé un « Madame Soleil ». Quoi que vous disiez, il savait toujours tout. Un autre c'était « Ricassi », ça lui venait de son père ou de son grand-père, du nom de leur village. Un autre, « Petit Coq », et encore « Paul-Émile Victor ». Celui-là, il disait qu'il était allé partout, aux Kerguelen, en Argentine. Il ne faut pas grand-chose pour attribuer un surnom, et tout le monde en possédait un. Moi, on m'avait donné celui de « Mammouth », pourtant à l'époque, je ne faisais pas quatre-vingts kilos.

On a tous un surnom. En revanche, jamais on ne doit se permettre d'interpeller quelqu'un de cette manière. Si comme ça, entre deux, ou derrière son dos, on peut même dire « le vieux », mais c'est tout et à la condition qu'il n'entende pas.

Quelques années auparavant, j'avais donc croisé ce gars en mer. Il avait effectué une mauvaise manœuvre. Il m'avait coupé la priorité et on s'était engueulés. Il m'avait envoyé : « Oui, Mammouth, ça suffit ! »

Furieux, je lui lance : « Mammouth peut-être, mais ivrogne, jamais. »

On a été des années sans se parler.

Je voyais bien que le *Dauphin* avait des panneaux trop lourds, de quinze cents ou seize cents kilos. Tout le monde voulait alourdir, sans se rendre compte qu'il fallait garder un équilibre entre le chalut, la puissance de la machine et le poids des planches. J'avais des panneaux de mille deux cents kilos et d'autres de mille quatre cents. Comme c'était un gros bateau, nous pêchions bien avec ces derniers. Je savais que je ne me servirais pas des autres.

Je l'appelle.

« Allô, *Dauphin* ?

— Qui est-ce qui m'appelle ?

— Le *Colonel-Pleven*, Fernand Leborgne.

— Oh, non, c'est toi Fernand !

— Tu sais, René, j'ai entendu depuis quelques jours tes ennuis, si tu veux, je peux te dépanner. J'ai un jeu de planches tout neuf de mille deux cents kilos, je vais te les passer.

— Tu ferais ça ! »

C'était un gars brillant, il venait de la Marine marchande, mais il en avait tellement bavé avec un de ses anciens capitaines qu'il s'était mis à picoler. Après toutes ces années, on a fini par redevenir copains.

La solidarité entre marins, ça existe. En revanche, la reconnaissance, ça n'existe pas, sauf sur les tombes. Autrefois il n'y avait pas de voiture. La promenade dominicale, c'était la traversée à pied de Fécamp pour aller rendre visite aux ancêtres. Au coin des rues, on croisait les commères. On arrivait au cimetière. On lisait les noms sur les caveaux. On les connaissait tous ces « regrettés », et toutes ces « regrettées », dont les proches s'étaient remariés entre-temps. Cette reconnaissance-là, elle n'existe nulle part ailleurs que dans les cimetières.

54

Je leur ai proposé six heures de travail, six heures de repos.

Mars 1963, Terre-Neuve.

La mer déferlait, grosse et dangereuse. Sous les projecteurs, les silhouettes des hommes en ciré s'arc-boutaient, se cramponnaient. Je connaissais cette fatigue.

Le lendemain, j'ai décidé de réunir tous les hommes dans le carré de l'équipage. J'avais un marché à leur proposer. Je n'en ai pas parlé à Pleven. De toute façon ce n'était pas son problème, mais le mien, le nôtre, celui du bord.

Dans une journée, les marins devaient travailler douze heures d'affilée et même parfois dix-huit. Quand on commençait à minuit jusqu'à midi, ça faisait douze heures. On était de repos jusqu'à dix-huit heures. Reprise de dix-huit heures à vingt-quatre heures. Ça faisait dix-huit heures en tout dans la même journée.

Et quand on disait six heures de repos, il y avait deux repas sur ce temps.

Dans les périodes de bonne pêche, les hommes étaient fatigués. Ils aimaient bien s'arrêter un peu. Sur les classiques, on était sur le côté, on voyait la poche du chalut monter de loin. À ce moment, il y en avait toujours un pour râler.

« Oh, le revoilà encore ! »

Et ça, je l'ai souvent entendu. Évidemment quand on pêche tout le temps, on a envie d'un peu de repos. Et on comprend que ce n'est pas demain qu'on va en avoir. Il arrive des moments où il n'y a pas grand-chose à faire et où les gars se reposent dix-huit heures par jour. Mais là c'est différent, la pêche est mauvaise et ils ne sont pas là pour ça. L'ambiance n'est pas terrible et ils regrettent les bonnes périodes.

Alors qu'ils étaient devant moi tous réunis, je leur ai proposé six heures de travail, six heures de repos et non plus douze heures de travail, six heures de repos. Je leur ai donné quelques heures pour réfléchir. Ils étaient sceptiques. Pour eux, je leur cachais quelque chose. Mais une heure après, le délégué de l'équipage est venu me trouver.

« Capitaine, nous sommes d'accord et on respectera nos engagements si vous respectez les vôtres. »

Travailler douze heures, je l'avais fait. C'est très dur. En plus, vous n'avez véritablement que six heures de rendement. En faisant venir toutes les six heures une nouvelle équipe, vous amenez de la vigueur. Évidemment, six heures au boulot, c'est six heures au boulot.

Il n'était plus question d'aller chercher une cigarette dans le poste d'équipage. Les cigarettes, on les gardait sur soi. Et ça a marché.

Les syndicats ont fait une drôle de tête en apprenant ça, mais également les autres armateurs.

55

Il y avait la table des maîtres d'équipage. Ils discutaient. J'apprenais leurs problèmes.

Avril 1963, Terre-Neuve.

La cloche avait sonné. Autour de la table qui occupait le carré, je déjeunais avec le chef mécanicien, l'officier radio, le second était parti à la passerelle pour me remplacer.

À bord du *Colonel-Pleven*, j'avais un souci. La vie de l'équipage nous échappait. Sur les chalutiers classiques, dans le carré des officiers, se trouvait aussi la table des maîtres d'équipages. Ils discutaient. J'apprenais leurs problèmes avec certains gars. Sans rien demander, on savait tout. Mais, sur le *Colonel*, cette table avait disparu. Les deux carrés étaient séparés. J'étais donc tenu d'aller aux renseignements tout seul en allant chaque jour voir les hommes.

Je descendais à l'usine pour contrôler la qualité. Les chefs de bordée venaient me voir. J'arrivais comme ça à être au courant de la vie du bord. Mais le cuisinier m'était aussi d'une aide précieuse. La cuisine était attenante au carré de l'équipage. Il entendait beaucoup de choses.

Dans les quelques mètres carrés surchauffés qui lui étaient attribués, il faisait des merveilles. En mer, on dit qu'un bon boulanger sait faire des pâtisseries tous les jeudis et tous les dimanches. Un bon cuisinier prépare des frites tous les jours avec beaucoup de sauce. Le matin, il arrangeait généralement le poisson en vinaigrette ou sauté. Quand on pêchait de la morue, on mangeait de la morue. Mais on attrapait aussi des encornets, des petits rougets, du flétan, du carrelet ou d'autres espèces. On préparait un « roustintin », du poisson effeuillé avec des pommes de terre et des oignons. L'autre repas était à midi, puis à six heures. Le soir, on servait du potage, un poisson et de la viande garnie. La même chose à minuit.

Sur la nourriture, on a souvent mythifié. « Morue le matin » et « deux patates le soir ». Tout ça parce que pendant la guerre, un capitaine rationnait en pommes de terre ses marins. Mais on ne peut pas faire crever de faim son équipage et lui demander de travailler dur. En réalité on est bien mieux nourri à la mer qu'à terre. Nourrir ainsi les hommes coûterait trop cher aux familles. Parfois en pleine tempête, le bateau roule et des parfums de rôti et de pommes de terre rissolées parviennent jusqu'au pont. Je vous assure que ça fait plutôt du bien.

En remontant de l'usine, j'ai croisé le cuisinier, il avait quelque chose à me dire : les hommes ne mangeaient que les croûtons. Ils laissaient le reste du pain. Nous en avons fait des plus petits. Il y a eu plus de croûtons. Le cuisinier en a surtout profité pour me parler d'une histoire entre deux hommes qui ne s'arrangeait pas. Une simple rivalité d'hommes, mais l'alcool s'en était mêlé. Ça ne pouvait plus durer.

56

Certains arrivaient quand même
à se faire une petite fête.

Avril 1963, Terre-Neuve.

C'est un métier où il y a eu beaucoup d'excès, beaucoup d'alcool embarqué, trop. La pêche à la morue reste la seule profession avec une ration obligatoire. C'est un droit pour le marin et une obligation pour l'armateur, codifiés par les conventions collectives. Je veux bien faire plaisir aux hommes mais ce sont des métiers où il faut toujours faire attention à tout. Je n'ai jamais admis l'alcoolisme à bord. Malgré la convention collective, j'ai décidé qu'au voyage suivant, il n'y aurait plus de barrique de goutte. Des suppléments de pâtisserie seraient embarqués à la place.

Chaque jour on donnait une bouteille pour vingt, que les marins se partageaient. Mais, finalement, il y en avait toujours qui arrivaient à se faire une petite fête.

Les jeunes qui boivent trois ou quatre litres de vin par jour, ce sont de bons marins. Tout se passe bien jusqu'à trente-cinq, quarante ans, après cela change. Ils tiennent moins bien l'alcool. Là, ils deviennent dangereux pour eux et les autres. Quelquefois, j'ai été obligé de me séparer de garçons, excellents marins, mais qui buvaient trop. Je leur donnais une leçon avant de les licencier, c'est-à-dire que je les laissais à terre quelque temps. Un jour, j'ai eu un problème avec un marin. Je ne pouvais pas le garder. Du coup, il m'a écrit une lettre de quatre pages. J'ai demandé à le voir et je l'ai gardé. Quand vous êtes capable d'écrire une lettre comme celle-là, c'est que vous avez vraiment besoin qu'on vous soutienne. J'ai connu un capitaine qui a viré un mécanicien parce qu'il buvait un coup de trop. Mais à la mer, vous pouvez empêcher un gars de picoler. En attendant, le capitaine n'a pas fait un voyage époustouflant parce qu'il n'avait personne pour régler ses machines.

À partir du moment où c'est un gars bien et qualifié, il faut essayer de lui sauver la peau. Mon gars, l'auteur de la lettre, était malheureux en amour. Certaines femmes provoquent des dégâts dans les équipages. Elles ne supportent pas ces vies-là, mais quand les hommes sont pris dans l'engrenage, il est difficile de changer de métier.

Pour l'eau-de-vie, c'est pareil. Normalement, on distribuait un boujaron, c'est-à-dire cinq centilitres, à chaque homme, tous les jours. Mais, sur chaque table, on posait une bouteille marquée et chacun leur tour, les hommes se servaient. Certains en mettaient juste une goutte dans leur café, mais d'autres non. Ils se sifflaient une bouteille à quatre et pendant deux jours, on n'en tirait plus rien.

Malheureusement, le boujaron a traditionnellement accompagné la vie du marin. Un boujaron pour embaucher, un autre lors du départ, puis en arrivant sur les bancs. Encore un verre si la pêche est bonne, un autre si la pêche est médiocre. Le boujaron, c'est devenu la Saint-Boujaron.

Encore une fois j'ai dû descendre dans les postes d'équipage. Je n'aimais pas ça. C'est un espace qui appartient aux marins, je n'ai rien à y faire. Un à un, j'ai ouvert tous les caissons pour inspection. J'ai sorti les bouteilles, les ai montées sur le pont et cassées l'une après l'autre sur le bord de la lisse. L'alcool empestait et les marins se taisaient.

La mer est dangereuse, ce n'est pas la peine d'en rajouter.

Quand les morues apparaissent, ce sont elles qui mènent la danse. À la première détection, la fièvre monte avec sa poussée d'adrénaline. Les gestes se précipitent, la tension monte. Dans la mêlée, les hommes ne font plus qu'un avec leurs proies. Plus rien d'autre n'existe. Mais si le boujaron est là aussi, tout se mélange.

57

Il n'avait même pas l'air désespéré quand il nous a salués.

En mer, la mort est partout présente. J'ai perdu trois hommes, c'est terrible.

Un jour alors qu'on était en pêche, un gars discutait tranquillement dans le réfectoire avec la bordée de repos. D'un seul coup, il s'est levé, a dit qu'il allait se mettre à l'eau.

Le temps que les autres marins réagissent, qu'ils se disent que c'était peut-être vrai et sortent sur le pont. Il montait déjà sur un touret côté tribord.

Il s'est jeté par-dessus bord. Pas revu. Personne n'a compris. Il n'avait même pas l'air désespéré. Son père s'était suicidé. Il disait toujours qu'il terminerait comme lui. Les gens qui ont des idées de suicide, personne ne les croit. Et puis un jour, ils passent à l'acte.

J'en ai connu un autre comme ça. Ce drame est arrivé alors qu'on faisait route à quinze nœuds. Il y a une porte sur le côté tribord du navire, un sabord qu'on ferme toujours quand on fait route. Là on l'a trouvé ouvert. Ce n'était pas normal.

Juste à côté était posé un morceau de bois taillé. C'était sa « guitare ». Ou en tout cas, c'est comme ça qu'il l'appelait. Elle ne le quittait jamais. Il faisait semblant d'en jouer quand il était en fête.

On a cherché partout. On a viré. Mais il y avait peut-être plusieurs heures qu'il était passé par-dessus bord.

On a cherché pendant longtemps. Mais comment savoir où il était tombé.

Il avait un frère et un beau-frère. Ils ont prétendu qu'il allait devenir aveugle, qu'il ne voyait plus que des ombres. Nous, on ne s'était rendu compte de rien. Il travaillait comme les autres. Jamais on n'aurait pu se douter qu'il voyait mal.

La vie, on la risque tout le temps.

J'ai aussi perdu un ami. Il avait toujours navigué avec moi. On était de Fécamp et on s'était connus alors que j'étais jeune lieutenant et lui matelot. C'était quelques heures après être sortis de Saint-Pierre. Il était peut-être un peu enfumé de la veille et n'avait pas les idées trop claires. Toujours est-il qu'au moment où l'on filait le chalut le treuilliste a donné un coup de trop sur la manette. Ça a raidi le câble. Il est passé par-dessus bord.

Jusqu'au dernier moment, on a cru le récupérer, mais il y avait du vent.

Le temps de virer, de remonter le chalut, les minutes ont passé et on était là, impuissants à fixer le corps, dans une mer agitée. On a repris le sillage, la position exacte, en luttant contre le courant, le vent. Dans de l'eau glacée à dix degrés, vous ne tenez pas dix minutes, alors là...

On l'a suivi à la jumelle. Mais on ne l'a jamais vu faire un mouvement. Peut-être avait-il une poche d'air dans son ciré. On s'est demandé s'il n'avait pas été assommé en tombant sur l'arrière du bateau et tué sur le coup. Au moment où on est arrivés, il a coulé sous notre nez. On a tous très mal vécu ces histoires.

58

Les vrais responsables des drames ne sont ni la mer ni le diable, mais les hommes.

À la messe des morts, la mer a toujours été la dévoreuse d'hommes, la meurtrière, celle qui ne pardonne pas. Les curés se sont tous bien entendus pour entretenir l'idée d'une mer royaume du diable.

Mais les vrais responsables des drames ne sont ni la mer ni le diable, mais les hommes.

Les armateurs ont souvent recruté leurs patrons de pêche pour leur qualité de pêcheurs et non de marins. La seule qualité qu'ils pouvaient avoir à leurs yeux, c'était leur capacité à rapporter le plus grand tonnage de morues et non de ramener à bon port leurs hommes. Il y avait une histoire que l'on racontait parfois. C'était celle du capitaine qui prenait toujours quelques gars en plus, parce qu'il en perdait un ou deux sur une campagne. Mais c'était du temps des voiliers, celui-là, je ne l'ai pas connu.

Certains armateurs n'avaient aucun respect pour leurs équipages. Ils ne quittaient jamais leur fauteuil. Ils se contentaient de financer les bateaux, de faire leurs comptes, sans même mettre les pieds à bord ou venir voir leurs hommes au moment du départ. En général, ces gens-là ne savaient pas naviguer, ne connaissaient ni la mer ni la pêche.

Au lieu de s'interroger sur la cause des drames, les curés ont toujours préféré s'en remettre à la volonté de Dieu.

J'ai connu des prêtres qui, disaient-ils, s'inquiétaient du sort des marins et voulaient changer l'ordre des choses, ce sont les prêtres-ouvriers. Il ne faut jamais embaucher ces gens-là. Ils sont rémunérés comme les marins, viennent à bord soi-disant pour les aider, mais vous mettent un bazar sur un bateau, c'est étonnant.

Lorsque la guerre a été déclarée en 1939, j'avais huit ans et quatorze ans quand elle s'est terminée. On entendait dire partout plus jamais ça. Peu de familles se sont remises de ces événements et de leurs atrocités. La guerre avait ravagé mon beau-père, comme beaucoup d'hommes. Soixante ans après, il n'y a pratiquement que des conflits de par le monde. Et ces guerres sont presque toutes des guerres de religion. Je ne peux pas croire en Dieu.

Maître après Dieu… Moi, je sais que lorsque j'avais un conseil à demander, je me tournais plutôt vers mon armateur.

59

On les préparait un peu avant, on ne leur mettait pas comme ça un télégramme dans la main.

Avril 1963, Terre-Neuve.

Le *Bois-Rosé* faisait route nord et nous sud. Nous devions nous croiser. L'écho du bateau était sur l'écran radar. Ses feux commençaient à apparaître au loin, brouillés par la neige qui tombait en flocons. L'officier parlait à la radio.

« On va faire escale à Saint-Jean de Terre-Neuve, à votre disposition. »

C'était la phrase traditionnelle pour proposer à l'autre bateau de prendre son courrier.

Avec le *Colonel-Pleven*, on pouvait s'offrir le luxe de se dérouter pour récupérer le courrier que transportait un autre chalutier. Ce n'était jamais du temps perdu, on le rattraperait plus tard, les gars le savaient bien et le moral était alors au plus haut. En général, le courrier était transporté par le navire-assistance. Mais, quand on croisait un autre bateau et que l'on savait que l'on allait faire escale, on lui proposait nos services.

Le *Bois-Rosé* était maintenant tout près. La mer grosse, nous devions être prudents. Le bateau se dressait. Les lames explosaient en embruns et l'étrave disparaissait. Chacun a réduit sa vitesse et s'est positionné. Nous nous sommes mis sous le vent. Les hommes en cirés sont montés sur le pont, ruisselants. Nous avons largué la bouée.

S'il n'y avait que du courrier, on le passait ainsi entre les deux bateaux avec des bidons en plastique étanche et un bout assez long. Les vivres, on les transbordait avec des doris. On les a longtemps gardés avant de les remplacer par des Zodiac. Avec les bateaux étrangers, on ajoutait parfois un cadeau, une bouteille de vin ou de cognac. Certains équipages comme les Norvégiens, par exemple, n'en avaient pas beaucoup à bord. Ça fait toujours plaisir.

Dans un bateau, on vit en vase clos. Des bruits courent, des bruits de coursives. Il y a celui qui « a entendu », qui « sait », qui « savait », qui « savait bien », sauf que vous parfois, vous ne savez pas grand-chose. Cela arrive particulièrement au moment de la réception du courrier. On peut empêcher les rivières de couler, mais pas les gens de parler. Certains, au lieu de s'écrire des lettres, s'envoient des cassettes audio. Là-dessus, ils disent plus de choses.

Je surveillais surtout les télégrammes. Particulièrement, quand ils ne venaient pas d'une famille de marins. Ceux qui écrivent ne se rendent pas toujours compte. Un marin peut être choqué et commettre des actes imprévisibles. On ne peut jamais savoir ce qui se trame dans la tête des gens. Si on se rend compte qu'il y a un problème, forcément on les surveille, on leur parle, on s'occupe d'eux. On se relaie jusqu'à ce que ça leur passe.

Quand on fait ce métier, on sait que l'on doit faire abstraction de beaucoup de choses.

La vie, la mort… Vous n'êtes pas là.

On ne peut pas se dérouter pour débarquer un gars qui doit assister à l'enterrement d'un parent. De toute façon, ça ne sert à rien, ça ne le fait pas revenir. Le chagrin est là, c'est tout.

60

J'ai manœuvré en avant, en arrière et j'ai réussi à casser mes amarres.

Janvier 1964, Saint-Malo.

Sur les quais de Saint-Malo s'était formée une masse opaque. La Sainte-Ouine battait son plein et la foule attendait. La bagarre annoncée se rapprochait.

Un armateur de Bordeaux nous avait menacés de bloquer le port. Il nous accusait de ne pas respecter la convention collective. En accord avec l'équipage, nous avions décidé qu'on appareillerait plus tôt dans la saison. En principe, il était prévu par décret que les bateaux de pêche à la morue ne devaient pas partir avant le 15 février et le retour était au plus tard le 20 décembre. Avec un bateau moderne comme le *Colonel-Pleven*, on pouvait moderniser la flotte de Grande Pêche en donnant plus de confort et de sécurité aux marins. Mais on devait aussi changer les anciennes méthodes. En accord avec les syndicats, la convention collective peut toujours être interprétée. Mes marins, eux, étaient tous d'accord, le principal étant de donner les quatre-vingt-dix jours de congé dans l'année et de les décaler dans le temps. On pourrait ainsi passer cinquante et quelques jours à quai, non pas en hiver, mais en été. En plus, on ne perdait pas grand-chose, parce que l'été n'est pas la période de pêche la plus intéressante. En fait, cet armateur de Bordeaux n'avait pas de navire-usine et craignait que l'on arrive avant lui sur les bancs et que l'on pêche les premiers.

On a commencé à dire qu'on partirait le 20 janvier, puis le 10. Mais je ne pensais pas en prenant cette décision que l'on allait provoquer un immense tollé.

Les gars de Bordeaux étaient là, sur les quais malouins, barrant les accès. Comme on avait un peu prévu le coup, on a joué de ruse pour faire partir le car qui acheminait les marins de Fécamp à Saint-Malo. On savait que l'on était sur écoute, alors on a raconté des histoires, et puis on a même fait partir des voitures particulières.

Les hommes de Fécamp ont tous réussi à monter à bord. En revanche, les Bretons, qui arrivent toujours au dernier moment, se sont fait bloquer.

J'ai décidé de quitter le bassin Duguay-Trouin avec seulement la moitié de l'équipage. Les gars de Bordeaux braillaient en bas avec les forains qu'ils avaient remontés contre nous. Les quais étaient noirs de monde. Nous étions coincés, sans pouvoir accéder aux amarres.

Une solution, faire dégager tout le monde. Je me suis saisi d'une lance à incendie qui refoulait à cinquante tonnes à l'heure et j'ai balayé le quai.

Une drôle de débandade. Les gars de Bordeaux et les baraquins se sont mis à hurler de plus belle et à courir en tous sens. Puis j'ai manœuvré, en avant, en arrière, jusqu'à ce que je réussisse à casser les amarres du bateau. On a fini par quitter le quai. Mais comme à Saint-Malo c'est toujours un faux départ, en arrivant aux écluses, les gars nous y attendaient, très énervés.

Dans ce passage, le chalutier s'est retrouvé en contrebas, à leur merci. Les quais étaient en réfection. Ils ont tous ramassé des pavés et ont bombardé le bateau.

Le temps que le sas s'ouvre, le pont du *Colonel-Pleven* était couvert de pierres et toutes les vitres de la passerelle étaient brisées.

On a fini par réussir à appareiller. Ce n'était pas deux ou trois cents braillards qui allaient nous en empêcher. Nous avons fait route sur Cherbourg pour réparer. Le reste de l'équipage nous a rejoints là-bas.

Mais avec la course à l'armement de grands navires-usines, les tensions ne faisaient que commencer. J'allais bientôt m'en rendre compte.

61

C'était sa façon à lui de vous dire qu'il vous appréciait.

Février 1967, « Pierre-Pleven ».

J'ai gardé cinq ans le *Colonel-Pleven*. Puis j'ai pris le commandement du *Pierre-Pleven*, qui était le même bateau mais avec un moteur plus puissant.

Victor Pleven m'envoyait parfois de petites photos des chalutiers, des photos dédicacées. Le 21 avril 1966, il m'a envoyé celle du *Colonel-Pleven* : « Le *Pierre-Pleven* vous attend, ensemble souhaitons que sa réussite égale celle du *Colonel-Pleven*. » Quelques mois plus tard, c'était celle du *Pierre-Pleven*. Cette fois, il écrivait : « Au capitaine Leborgne, en toute sympathie et compliments pour ces quatre années de commandement, chapeau du grand chef. » C'était sa façon à lui de vous dire qu'il vous appréciait.

En débarquant de mon dernier voyage, l'Ifremer avait souhaité me rencontrer. Je travaillais avec ses chercheurs depuis maintenant quelques années. En arrivant à Boulogne, ils m'ont montré comment avec toutes les informations de pêche que je leur avais données, ils avaient amélioré et créé un nouveau modèle semi-pélagique de chalut. Un système de roulettes lui permettait d'effleurer le fond.

Je savais qu'on attraperait des cailloux. Je ne leur ai pas dit tout de suite. Je voulais essayer. Je l'ai transformé et ça a fonctionné. Ce chalut avait une ouverture verticale de douze à quinze mètres. Nous réglions l'immersion en variant les panneaux divergents. J'augmentais un peu la vitesse pour qu'il remonte encore.

J'ai ainsi travaillé pendant un an avant que les plans soient divulgués dans la publication de l'Ifremer. Lorsqu'on collabore avec cet institut, on peut garder la priorité de la découverte. Mais j'avais quand même refilé les plans à mes amis. Évidemment l'armateur, lui, n'en savait rien.

Peu à peu le métier changeait. Ce chalut me permettait de pêcher entre deux eaux, même quand la morue « levait », c'est-à-dire quand elle n'était pas au fond. De la passerelle, je suivais maintenant par VHF l'évolution des autres bateaux, mais je voyais également sur mon sondeur-détecteur le déplacement du poisson. Nous avions alors les yeux de plus en plus fixés sur les écrans. Je continuais à faire le point au sextant chaque jour, mais le loran et le décan étaient de plus en plus fiables.

Avec ces nouvelles techniques, on a fait un malheur. Au premier voyage avec le *Pierre-Pleven*, soixante-deux jours aller et retour, sans escale. Plus de mille tonnes, les cales étaient pleines.

62

L'homme malade, c'était bien un mauvais présage.

Avril 1968, Saint-Pierre-et-Miquelon.

L'année précédente, j'avais pris mon petit frère avec moi. Il n'avait que quinze ans et il était si jeune que j'avais peur qu'il ne s'envolât. Je l'ai gardé à la passerelle avec moi. Il a eu de la chance, lui n'aura jamais connu les classiques, ni le travail sur le pont.

Pour le premier voyage à bord du *Pierre-Pleven*, j'ai embarqué cette fois Jean-Marc, mon fils aîné. Il voulait devenir marin.

Un homme était malade. Nous devions le débarquer à Saint-Pierre-et-Miquelon.

À l'entrée de la passe, nous avons croisé le *Viking II* commandé par Jean Recher. Il repartait sur les bancs. Depuis 1965, les Pêcheries de Fécamp avaient enfin leur rampe-arrière. Nous avons corné, pour lui souhaiter bonne pêche.

Mais sinon à bord, personne ne parlait. Seuls les coups de corne à brume du port rompaient le silence. On n'aime jamais débarquer un marin, c'est comme un mauvais présage sur la pêche.

Les hommes pensaient aussi à la terre. Bientôt des parfums de femmes, les salles de bals illuminées pour l'occasion. Le métier allait disparaître pendant quelques heures.

Je n'aimais pas m'arrêter à Saint-Pierre-et-Miquelon, parce que l'alcool n'y était pas cher. Les hommes en profitaient.

Au temps de la prohibition, pendant les années trente, Saint-Pierre-et-Miquelon avait servi de plaque tournante pour toutes les fraudes. C'étaient les bateaux français qui apportaient l'alcool à Saint-Pierre, couverts par les brumes, garantissant ainsi la discrétion des transactions. Ces brumes-là n'ont pas fait disparaître que des hommes sur leurs doris. Des fortunes se sont établies comme ça. On fabriquait même de l'alcool avec de la sciure de bois. Certains Saint-Pierrais ont d'ailleurs tellement abusé de la brume, qu'ils étaient interdits de séjour au Canada. J'ai connu un milliardaire devenu très malade qui n'a même pas pu se faire soigner sur le continent américain.

Il y avait beaucoup de bars et j'ai toujours pensé que l'alcool y était un peu frelaté. En tout cas, les gars se faisaient ramasser au premier bistrot. On leur servait de grandes rasades. Après ils n'en sortaient plus. Je devais faire preuve d'attention, il y avait des mineurs, j'en étais responsable. J'avais également avec moi un de mes enfants. Pendant la traversée, mon fils s'était pris une cuite à bord. Il avait fait une petite fête avec les copains. C'est toujours drôle de faire boire le fils du capitaine. Il n'a jamais recommencé.

« Dans tous les cas de figure, il y a des choses que tu ne peux pas faire, que tu ne pourras jamais faire, tant que tu navigueras avec moi, ou alors tu iras naviguer ailleurs. »

Marthe et Marcel Leborgne.

D.R.

Livret maritime.

du quartier
FÉCAMP

Signature du titulaire
Leborgne

Certifié l'authenticité de la signature ci-dessus
A Fécamp Novembre 1980
L'Administrateur de l'Inscription maritime,

FÉCAMP

Duplicata
MARINE MARCHANDE.

Nom : Leborgne.
Prénoms : Fernand Albert Valery
Né le 6 février 1931
à Fécamp
Marié le 25·VII·1951 à Fécamp
à Feuilloley Madeleine

Enfants (1) Nombre : 4

Domicile 36, rue du Dr Colas
35400 St MALO
Quartier d'inscription St MALO Fécamp
Folio et numéro d'inscription L520362

Brevet ou diplôme : Patron de pêche

A Fécamp, le Novembre 1980
L'Administrateur de l'Inscription maritime,

INSCRIPTION MARITIME
FÉCAMP

(1) L'inscription du nombre des enfants est faite par l'Administrateur de l'Inscription maritime sur la production d'un bulletin de naissance.

Marine Marchande. — G. M. 1. — 1959. (J. Z. 935556.) O. (25184)

D.R.

D.R.

Terre-neuvas
dans les bassins
de Saint-Malo,
avant guerre.

D.R.

1962, le Pardon
des Terre-neuvas
sur le *Capitaine Pléven*.

D.R.

D.R.

1962, Le *Colonel Pleven*, entrée de port de Fécamp.

Le *Colonel Pleven* dans les glaces, bancs de Terre-Neuve.

D.R.

D.R.

1968, Besançon, commandant du *Bourdais* avec le capitaine Leborgne sur le *Pierre Pleven*.

D.R.

1969, capitaine Leborgne à la passerelle du *Pierre Pleven*.

D.R.

Joseph Roty à la cape.

1975, *Capitaine Pleven* en pêche, golfe du Saint-Laurent.

D.R.

1976,
Capitaine Pleven,
Jean-Marc Leborgne
et René Fiquet,
fils et frère
de Fernand Leborgne.

D.R.

1976,
Capitaine Pleven
en pêche
dans la banquise
des eaux canadiennes.

D.R.

D.R.

1976,
Capitaine Pleven
et *Joseph Roty*
en pêche
dans le golfe
du Saint-laurent.

D.R.

1985,
bassin de Saint-Malo,
sortie de chantier
du *Grande Hermine*.

D.R.

1978,
Les bateaux
de la Comapêche.

Le *Grande Hermine*
en route dans
le mauvais temps.

Photo Céline Ferrier

Photo Céline Ferrier

Le *Grande Hermine*,
en pêche sur
les côtes Norvègiennes.

Photo Céline Ferrier

Grande Hermine,
visite des
inspecteurs.

Le *Grande Hermine*,
côtes de Norvège.

Photo Céline Ferrier

D.R.

Passerelle du *Joseph Roty*, avec ses instruments de navigation.

D.R.

Le *Joseph Roty*
en pêche
Ouest-Irlande

D.R.

D.R.

1991, Départ du *Grande Hermine*, du port de Saint-Malo.

D.R.

Gros coup de chalut à bord du *Joseph Roty* en mer d'Irlande.

D.R.

Joseph Roty s'apprête à mettre le chalut à l'eau, en mer d'Irlande.

D.R.

D.R.

Joseph Roty en pêche, Ouest-Irlande.

Photo Céline Ferrier

Tranchage d'une morue.

Le travail du poisson sur le *Grande Hermine*.

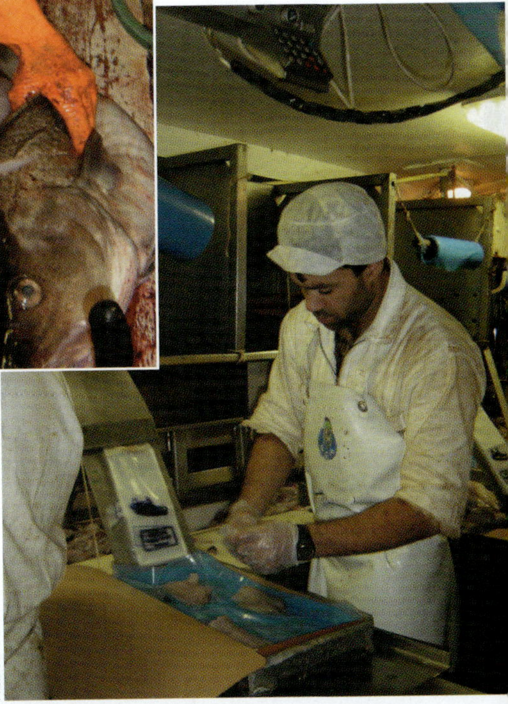

Photo Céline Ferrier

D.R.

Joseph Roty en pêche, Ouest-Irlande, par gros temps.

D.R.

D.R.

D.R.

D.R.

D.R.

Joseph Roty, Nord-Irlande.

D.R.

Bateau étranger sur les Bancs.

D.R.

D.R.

Le *Grande Hermine* en pêche au Spitzberg.

Photo Céline Ferrier

Ours blanc
sur glaces dérivantes.

Glaces dérivantes.

D.R.

D.R.

Joseph Roty à quai
à Saint-Malo

D.R.

Fernand Leborgne,
armateur, sur la coupée
du *Joseph Roty*.

Mon fils se prenait une cuite et moi je faisais des descentes dans les cabines pour vider les caissons. Ça avait fait le tour du bord.

En tant que capitaine, je ne quittais pas beaucoup mon bateau. Il faut garder la tête sur les épaules pour le surveiller. On ne descend pas faire la java à terre et le foiridon avec les marins. Je savais où ils allaient. Je me rendais dans d'autres endroits.

En d'autres temps et d'autres lieux, j'avais gardé de bons souvenirs d'escales. Mais j'avais quinze ans. C'était sur *L'Audacieux*, un bateau de Fécamp. On faisait la pêche au hareng et on rentrait chaque fin de journée à Dunkerque. Le port était détruit et la ville végétait. Mais, après chaque marée, mon oncle m'entraînait dans les rues où brillait une petite lanterne rouge. Des femmes nous attendaient.

Devenu capitaine, quand je sortais, c'était avec mon chef mécanicien ou mon second capitaine, et plutôt au restaurant. Nous allions chez la « Mère Dutain ». Elle faisait la cuisine devant nous. Comme à la maison, elle nous servait dans une grande salle à manger.

On dit que les marins ont une femme dans chaque port. Pour les marins du commerce, c'est peut-être différent, mais, pour la Grande Pêche, ça me paraît difficile.

Quelquefois, on retrouvait un collègue. Là, on pouvait s'inviter entre capitaines. De toute façon, pour les capitaines, poissons ou pas poissons, c'est toujours difficile. Alors, au moment des escales, nous en profitions plutôt pour dormir.

En ce printemps 68, après avoir débarqué le marin malade, nous avons appareillé. Pendant la nuit, un chalutier allemand et un polonais avaient fait escale. C'étaient tous deux des rampes arrière. À partir des années cinquante, les Espagnols avaient pris l'habitude de venir à Saint-Pierre. Mais on n'avait encore jamais vu les Allemands et les Polonais qui n'avaient pas d'antériorité à cette pêche.

L'homme malade, c'était bien un mauvais présage. Trop de monde sur les bancs, les marins étaient inquiets.

63

On a tous peur au moins un jour,
mais on ne le fait pas voir.

Avril 1968, banc de Terre-Neuve.

Les conditions climatiques n'ont rien arrangé au moral. Dans le sud des bancs, nous avons essuyé une terrible tempête. Pendant une semaine, des vents de soixante nœuds et des températures exécrables entre moins quinze et moins vingt degrés.

En pleine nuit, un marin est monté à la passerelle, affolé. Il croyait que le bateau allait se casser en deux. On était vent de travers et c'est vrai que ça bougeait un peu. On roulait bord sur bord. À cause du choc des vagues, les plaques de goudron qui revêtaient le pont d'usine se disloquaient. Ce n'était pas le pont qui se fracturait. Ce n'étaient que les plaques qui ripaient sur la tôle.

Mais, sur un navire, il suffit d'un homme pour semer la panique. On l'a gardé avec nous à la passerelle et on l'a rassuré. Il a fallu changer de cap pour que le bateau roule moins. Ça faisait beaucoup de bruit et d'autres marins l'avaient entendu de leur cabine. Il ne fallait pas prendre le risque qu'ils s'affolent, eux aussi.

Je n'ai pas pour autant changé ma route. Ce n'est pas du mauvais temps qui nous empêche d'aller où l'on doit aller. Il suffit d'abattre un peu.

Le lendemain, le temps s'était un peu calmé, mais un chalutier espagnol se trouvait en difficulté. Je me suis positionné à côté de lui. Je n'avais pas grand mérite, j'étais le seul navire-usine qui pouvait se permettre de manœuvrer dans le mauvais temps, laisser arriver et mettre en travers. C'était un ami et rien que le fait d'être là toute la nuit, ça l'a rassuré.

C'est normal, on ne peut pas laisser un gars dans la panade. Cependant, on doit d'abord assurer sa situation. Il y en a qui en voulant aider les autres se sont mis à l'eau.

En général, les hommes font confiance au capitaine. Ils sont obligés. Quand il y a un gros coup de tabac, et qu'ils savent que vous êtes à la passerelle, tout va bien. La première chose qu'ils demandent quand on vient les appeler pour le quart : « Qui est-ce qu'est là-haut ? »

Lorsqu'on leur dit que c'est le tonton, tout de suite, ça va mieux.

Dans nos métiers, il ne faut jamais forcer le temps. Ces moments ne sont pas ceux des captures les plus importantes, au contraire. Ce n'est donc pas la peine de prendre des risques inutiles et de mettre le chalut dehors. Malheureusement, j'en ai vu beaucoup le faire. Ce n'étaient jamais les meilleurs pêcheurs. Ils essayaient seulement de se rattraper dans les marées de mauvais temps.

On peut encore travailler, alors que le temps fraîchit. Mais dès que le coup de vent s'est établi, on traîne par à-coups, et on ne ramasse rien, sauf éventuellement des cailloux. Ce n'est pas la peine de faire prendre des risques inutiles à ses hommes et à son bateau. J'en ai vu qui mettaient en l'air toute une campagne avec ce procédé.

La mer est forte, très forte, il ne faut pas jouer avec elle. Il est vrai que quelquefois on se dit : « J'espère qu'on va se tirer de ce mauvais pas. »

On a tous peur au moins un jour, mais on ne le fait pas voir et on ne le dit à personne. En mer, la vie n'aime pas les sincères.

64

Il ne faisait pas partie de ces armateurs qui se font passer pour des tasses d'argent.

1971, Saint-Malo.

En 1971, l'armement me confiait le *Victor-Pleven*. Ce bateau inaugurait la série des grands chalutiers : quatre-vingt-dix mètres de long hors tout, pour quinze mètres de largeur. Il avait été construit aux chantiers de Gdansk, en Pologne. Polyvalent, il pouvait traiter toutes les espèces commercialisées de l'Atlantique-Nord. Ce bateau pouvait aussi bien fileter, saler ou transformer les déchets de poisson en farine selon les besoins.

Mais Victor Pleven, mon armateur, n'aura jamais vu ce bateau terminé. Il en avait conçu les plans avec Legrand et suivi une partie de sa construction. Il est mort avant de le voir naviguer. Fin janvier 1970, alors que nous quittions la rade de Saint-Malo, le radio a reçu un message de l'armement annonçant son décès.

Victor Pleven, je me suis toujours bien entendu avec lui. Quand il aimait bien ses capitaines, il les emmenait déjeuner avec lui. À chaque fois, c'était dans un bon restaurant. À Saint-Malo, c'était toujours à la « Duchesse Anne ». Les serveurs souriaient, ne présentaient plus la carte. Ils attendaient la phrase rituelle : « Alors qu'est-ce que le chef nous propose aujourd'hui ? »

Et dans le restaurant immuable, le cortège des saveurs commençait.

Pendant des heures, on parlait du métier. Il ne faisait pas partie de ces armateurs qui essayent de se faire passer pour des tasses d'argent et qui n'ont rien à se reprocher.

Il était né en 1902. Orphelin à l'âge de sept ans, quelques années plus tard, il avait embarqué comme mousse pour les « bancs ». Il était devenu capitaine à vingt-huit ans, puis armateur peu après. Il avait été l'un des premiers à installer la radio à bord d'un voilier. Tout en continuant à naviguer comme capitaine chez un concurrent, ça lui permettait de surveiller son navire. En 1962, sur les conseils de son gendre Yves Legrand, il avait eu le premier chalutier mixte saleur-congélateur à rampe arrière. Il avait su se doter d'une flotte performante, mais surtout miser sur le surgelé. En effet, en 1968, la Grande Pêche ne comptait encore que six chalutiers mixtes, saleurs et congélateurs à rampe arrière, contre vingt-deux chalutiers classiques. Ceux qui n'avaient pas osé cette innovation étaient déjà en train de couler. Au début des années soixante-dix, face au développement du surgelé, il avait comme pour la Morue Malouine souhaité éviter les intermédiaires et investi avec des distributeurs de produits surgelés dans Sadifroid. La pêche y était transformée en produits finis, directement commercialisables. C'était un précurseur.

Il avait une façon très particulière de parler. On avait l'impression qu'il vous « embrouillait », il parlait d'une chose, puis d'une autre. Il parlait, il parlait, avant de conclure. Vous étiez perdu. La moitié ne comprenait rien. Mais lui, il suivait son raisonnement et c'était imparable. Vous étiez obligé d'être d'accord. On m'a souvent dit que je faisais comme lui. Les gens ne saisissent pas toujours ce que vous dites. Mais ils savent où vous allez et ils y vont avec vous.

C'est Legrand, son gendre, qui a repris la suite des affaires. Legrand, j'ai mis un certain temps à l'apprécier. Il était craint de tout le monde et au début j'ai eu des accrochages avec lui. Avec Pleven, je me suis toujours bien arrangé, c'était un ancien capitaine. Legrand, lui, s'était marié avec la fille du patron.

Un jour, ça a éclaté. Tout ça à cause d'une réflexion qu'il m'avait faite à propos d'un matelot. Le gars avait trop bu, mais j'ai pris sa défense et puis je ne pouvais pas suivre tous les hommes à terre. Ça ne m'a pas plu : « Évidemment, les filles Pleven, elles sont toutes mariées. À la différence de vous, je suis arrivé trop tard. »

Je vidais mon sac. C'était clair. On n'était pas du même monde. Moi, ma première femme venait d'une famille d'Yport. On s'était rencontrés dans un bal. J'avais dix-sept ans.

Mais je m'étais trompé sur cet homme. Lui aussi m'a beaucoup aidé. C'est lui qui a eu l'idée de me chercher à Fécamp. Chez lui il y avait beaucoup de choses que j'ignorais parce qu'il ne s'était jamais livré à fond.

Il venait de la Marine marchande, mais à cause de sa vue, il était devenu officier radio. Puis il avait navigué sur un bateau de chez Pleven. Enfin, il avait connu la fille et il s'était marié. C'est un gars qui était d'une famille modeste, comme moi. Il n'était pas très à l'aise dans son nouveau rôle. Et il s'était créé une carapace, de peur de se montrer trop bon. Mais c'est à sa demande qu'un jour on a commencé à se tutoyer.

C'était un grand honneur. Dans ce monde, les hommes n'appellent jamais leur capitaine par leur surnom, ni par leur prénom. C'est toujours « capitaine ». À terre c'est pareil, l'armateur, c'est « monsieur ». Lui, en revanche, tutoie ses capitaines et les capitaines tutoient leurs marins. Personnellement, j'ai toujours vouvoyé mes équipages.

Un jour à bord du *Colonel-Pleven*, un marin m'avait appelé par mon prénom. Tout le monde s'est retourné vers lui.

« Excusez-moi, avons-nous déjà navigué ensemble ? »

Comme il ne répondait pas, j'ai continué : « Je ne pense pas, sinon vous sauriez qu'ici tout le monde se respecte et se vouvoie. »

À mon bord, c'était une règle intangible à laquelle personne ne dérogeait.

Avec Mazoyhié en revanche, c'était différent. Le vouvoiement n'a pas duré longtemps. On avait tous les deux grandi rue de Mer à Fécamp. C'était un peu comme si on était de la même famille.

65

N'avoue jamais, non il ne faut jamais avouer.

1971, « Victor-Pleven », mer de Norvège.

Mer de Norvège. La côte était illuminée. La lune se reflétait sur la neige. Il faisait jour en pleine nuit. Mais dans le ciel, on ne voyait pas d'étoiles.

Les conditions de vie à bord du *Victor-Pleven* étaient nettement meilleures. Nous disposions de cabines à deux. Mais je ne suis pas sûr que les marins préféraient cet aménagement. La vie à bord n'était plus du tout la même. Quand il n'y avait rien à faire et qu'ils voulaient se taper une partie de cartes, je les voyais faire toutes les cabines pour trouver des partenaires. Dans un poste à douze, on trouve tout de suite des joueurs. Quand vous devez frapper à toutes les portes, c'est beaucoup moins marrant.

Pour qu'il n'y ait pas d'histoires dans ces cabines à deux, j'avais mis moitié Bretons, moitié Normands. C'était une bonne chose. Quelques années plus tard, j'ai eu des problèmes lors d'un voyage. Je me suis rendu compte que la parité avait disparu.

Question confort, on avait également voulu m'installer une salle de bains avec une baignoire. Je l'ai fait supprimer. Une simple douche suffisait.

Mais, alors que nous allions mettre en pêche, avarie de moteur. Nous devions faire escale.

Huit jours que nous étions au port. Les gars ont fait la fête toute la semaine.

J'allais en Norvège depuis 1947, c'était un pays extrêmement puritain, mais où les mœurs s'étaient complètement libérées, même chez les jeunes filles.

Un jour, nous avons failli avoir un gros problème.

Une mineure a eu une crise d'éthylisme à bord. Heureusement, j'ai fait venir mon agent et on l'a emmenée à l'hôpital. Tout s'est bien terminé. Mais il faut toujours tout contrôler. Et ce n'est pas très facile, parce que le marin a une mentalité tout à fait particulière. Sur le bateau, il est chez lui et vous ne pouvez pas lui refuser qu'il fasse venir une fille. Il ne s'agit pas de se mêler de sa vie privée.

Comme je ne pouvais rien empêcher, j'ai surveillé. Heureusement que je n'étais pas loin. Les Norvégiens ne rigolent pas avec ça.

J'avais un marin qui s'était fait une copine. Malheureusement, tout se sait par le courrier. Il y a des gens qui écrivent : « Il y en a un qui s'est bien amusé… »

Et puis les gens parlent : « Votre mari, il ne s'ennuie pas… »

Au retour il a juré à sa femme ses grands dieux, que pas du tout, surtout en Norvège. Il ne voyait pas pourquoi. On a refait un voyage. Au retour, elle lui remet ça. Lui explose : « Elle me fait chier, la prochaine fois, je lui dis, eh bien oui, c'est comme ça, mais tu sais comment c'est ! »

Je l'ai tout de suite arrêté : « Non surtout, n'avouez jamais, vous seriez emmerdé jusqu'à la fin de votre vie. Il ne faut jamais avouer ! »

66

Le bateau était sur l'écran radar,
juste un petit point.

1972, Terre-Neuve.

Nous avions gagné en sécurité et en confort, mais sur les bancs, la concurrence s'intensifiait. Avant-guerre, nous occupions avec les Canadiens la première place mais nous étions en train de nous faire distancer par les Espagnols et les Portugais qui avaient une main-d'œuvre moins chère.

Alors que nous faisions route, un bateau est apparu sur l'écran radar, juste un petit point. Mon second était sur le pont, une paire de jumelles à la main. Il ne voyait rien. C'était alors Yvon Robert de Fécamp qui m'accompagnait depuis l'année précédente. Au contact radio, le bateau ne répondait pas. Il faisait route. À contre-jour, on a fini par distinguer sa silhouette. Un bateau russe, une énorme conserverie flottante. Ceux-là ne répondaient jamais.

Depuis quelques années, on en voyait de plus en plus. L'URSS construisait chalutier sur chalutier. On disait même que certains armements possédaient parfois plusieurs centaines de navires. Ils ne rejetaient rien à la mer, tout était salé, congelé, mis en conserve ou transformé en farine. Les bateaux ne revenaient à leur port d'armement que pour réparations. Les équipes se succédaient sans arrêt.

En arrivant sur les bancs, j'ai réalisé que tout le monde passait ses messages en code. Les zones de pêche diminuaient et la tension montait entre les pêcheurs. Conformément aux nouveaux accords franco-canadiens, nous nous sommes éloignés de la côte. Le traité de 1972 prévoyait que la France renonce à son droit de pêche privilégié qu'elle avait dans les eaux territoriales canadiennes. Lorsque la France en 1904 avait abandonné ses droits sur la côte de Terre-Neuve, elle avait conservé celui de pêcher dans le golfe du Saint-Laurent. Mais, dorénavant, seuls les chalutiers de Saint-Pierre-et-Miquelon au même titre que les Canadiens pouvaient encore y travailler. Les Français métropolitains, eux, devaient s'éloigner.

Tous les pays voulaient alors protéger leurs eaux territoriales. En Islande, ils avaient fait la même chose. En 1964, les eaux territoriales étaient passées de quatre à douze milles, en 1972, de douze à cinquante milles. Les Anglais que l'on ne voyait jamais à Terre-Neuve venaient alors chasser sur nos zones de pêche traditionnelles.

Il fallait chercher ailleurs. Pour la deuxième et la troisième campagne de l'année, les bateaux allaient de plus en plus au Groenland.

67

J'étais plutôt un homme du Sud.

1972, Groenland.

Nous faisions route vers le Groenland. Il nous fallait remonter toujours plus au nord. Les chalutiers allaient même jusqu'à la dangereuse région du cap de la Désolation. Précédemment, personne ne s'y aventurait.

À l'avant, le projecteur était allumé. Il balayait de son faisceau étroit la mer de glace. Nous longions la banquise. Elle se détachait, lisse et froide. Le second veillait à l'apparition des bergs que le radar ne détecte pas toujours.

Nous avons retrouvé les bateaux de Fécamp et quelques-uns d'Espagne. Une trentaine au total. Heureusement, nombre d'entre eux étaient des amis. La température était de moins dix degrés, le baromètre stable, la pêche bonne. On travaillait dans les petits fonds, mais le poisson semblait disparaître à chaque fois que nous remettions en route nos sondeurs. D'un commun accord, nous les avons arrêtés. Dès que l'on a fait ça, la pêche a complètement changé.

La température est remontée. Le travail sur le pont était moins dur. Mais une brume recouvrait la mer. Les cornes ont repris. Avec la hausse de la température, la banquise se fracturait. De gros bergs avançaient maintenant vers nous. Nous n'avions pas le droit de nous aventurer si loin dans la banquise, de nous mettre en danger pour pêcher. Seuls les cargos qui font des lignes régulières sont assurés du suivi du brise-glace. Personne ne viendrait nous sortir de là si les glaces nous entouraient. Le vent s'est levé. Le thermomètre avait repris sa course vers le bas. Il affichait moins vingt. De nouvelles glaces se formaient. Tous les chalutiers ont arrêté la pêche. Nous sommes partis vers le large, pour ne pas être bloqués entre la banquise et la côte. Mais la glace se refermait sur nous. Nous avons calé, marche arrière, marche avant. Il fallait passer. Les membrures étaient renforcées, mais sous la pression de la glace, elles pouvaient céder.

Mètre après mètre, nous refaisions la même opération. Marche avant, marche arrière. Pleine puissance. La glace se déchirait, s'écartait.

Nous sommes passés. Dans notre sillage, les autres chalutiers se sont engagés. Ceux qui ne pouvaient pas suivre, on leur passait au nez pour les libérer. Un défilé de bateaux s'est alors engagé dans le chenal.

Cette aventure nous a, à tous, laissé un drôle de souvenir. On s'en est bien sortis, mais de justesse. Finalement, je n'ai jamais vraiment été un homme du Groenland. J'étais plutôt un homme du Sud.

68

Pour tout le monde, c'était un sale coup.

1974, « Capitaine-Pleven ».

Le *Capitaine-Pleven* venait de sortir des chantiers de Gdansk. J'avais suivi une partie de sa construction en Pologne. Mais alors que l'armement Pleven armait son quatrième rampe arrière, Fécamp se mourait.

Depuis le premier choc pétrolier, les frais de fonctionnement des navires avaient beaucoup grimpé et dans le même temps, les cours du poisson s'étaient effondrés. Les pays étrangers grands consommateurs de morue préféraient pêcher que d'importer. Les exportations avaient diminué et en France, la demande avait baissé. La morue avait conservé son appellation de plat de jours maigres, de plat du pauvre. Elle n'avait plus la cote.

Depuis 1970, les cargaisons livrées avaient terriblement chuté. De vingt mille tonnes, elles étaient passées à moins de quatre mille. La dégringolade. Les armements faisaient faillite les uns après les autres. Le *Viking II* venait d'être vendu. Et le *Belle-Normandie*, mon ancien bateau de Fécamp, partait en Espagne pour se faire ferrailler.

On avait bien vu les navires allemands commencer à décharger à Fécamp. Quelques années auparavant, c'était nous qui les fournissions. On avait également vu les Italiens arriver sur nos zones de pêche. Même les Japonais s'y étaient mis.

En 1960, de Gaulle était venu en Normandie : « Fécamp, ville de courage ; Fécamp, ville de la mer, qui veut le rester et qui le reste ; Fécamp regarde l'avenir avec ardeur et confiance. »

Les marins pointaient au chômage. Pour tout le monde, c'était un sale coup. La troisième campagne du *Capitaine-Pleven* allait se dérouler sur les côtes américaines. Nous partions pêcher le hareng. D'autres armements envoyaient leurs bateaux dans les eaux africaines. Peu à peu, nous nous diversifions. Les choses étaient en train de changer.

69

On ne se gênait pas entre chalutiers pour le dire sur les ondes.

Février 1977, Saint-Malo.

En 1977, il n'y avait plus qu'une quinzaine de bateaux français à partir pour les bancs de Terre-Neuve. À Fécamp, il en restait seulement deux et à Saint-Malo, cinq. Seul Pleven arrivait à tenir le coup. Mais il n'y aurait pas de seconde campagne à Terre-Neuve. Les tensions entre le gouvernement canadien et français montaient. La France avait décidé de créer une zone économique exclusive de deux cents milles nautiques autour de Saint-Pierre-et-Miquelon. Mais l'île n'est qu'à douze milles de celle de Terre-Neuve. Les deux pays devaient s'entendre sur la délimitation de la frontière maritime.

Fin février, j'ai reçu un livre dédicacé.

> « Au capitaine Fernand Leborgne, capitaine de Grande Pêche que j'ai croisé dans la nuit en 1973, au large de l'île aux Ours (*Victor-Pleven*) et que j'espère bien rencontrer sur les bancs du Labrador (*Capitaine-Pleven*). Je connais votre voix à la radio. Et je sais que ce roman vous a fait bougonner (je vous ai entendu à la radio). J'ai essayé de donner une image de votre métier — du grand métier comme on dit à Fécamp —, de la peine des hommes. J'espère que mon film vous rendra justice, à vous tous terre-neuvas. Avec mon amitié et mon admiration.
>
> » À bord du *Jaureguiberry,* au large de Saint-Jean, le 18.2.77. »

C'était signé Pierre Schoendoerffer, l'auteur du *Crabe-Tambour.* Aucun pêcheur n'avait apprécié son livre et on ne se gênait pas entre chalutiers pour le dire sur les ondes. Même si l'histoire était intéressante, ce livre nous faisait passer pour des bagnards de la mer. Évidemment, on se doutait qu'à un moment ou un autre il nous entendrait. Le bateau croisait pour son dernier voyage, assurant l'assistance sur les bancs et lui, cherchait les plans pour son film.

Une époque disparaissait. Nous commencions à entrer dans l'histoire et chacun y allait de sa plume. À ce rythme, bientôt nous serions au musée.

Quand Jean Recher a commencé son livre, *Le Grand Métier,* j'ai été son premier lecteur. Je m'entendais bien avec Jeannot. Ses parents étaient d'Yport, mais lui, il était né à Fécamp. Dernier d'une famille nombreuse, il avait perdu son père le jour de ses cinq ans. À quatorze ans, il a embarqué à la Grande Pêche.

Il aimait bien avoir mon avis et j'ai suivi toute l'élaboration du bouquin. Il m'apportait les pages qu'il avait écrites en mer pendant sa campagne de pêche, on se retrouvait et on déjeunait ensemble. Parfois, il me les passait quand on se croisait sur les bancs. Il était toujours en retard sur ses livraisons et comme il avait touché des avances, il avait peur que l'éditeur ne lui demande de le rembourser. Il a mis quelques années à l'écrire, mais il a fait un beau livre.

Quelques années auparavant, alors qu'on livrait encore la morue salée à Fécamp, qui restait avec Bordeaux le principal port de déchargement, nous étions allés, avec mon second, déjeuner à Yport. À la table d'à côté, Annie Girardot discutait avec des industriels locaux. Je rêvais d'avoir un autographe d'elle, mais tout le monde pensait que j'allais me dégonfler. À la fin du déjeuner, je me suis approché de sa table et en guise d'autographe, suis revenu avec elle. Elle souhaitait prendre le café avec nous. Elle réalisait un reportage sur les métiers de la mer et souhaitait nous parler. Avec son équipe, nous avons passé pas mal de temps ensemble. Puis ils ont tourné. Notre histoire l'intéressait. Elle voulait connaître notre vie en mer, mais également à terre. Je n'ai vu son émission que bien longtemps après. Mais elle avait une belle image du grand métier, un vrai respect des hommes et de la pêche.

70

À leur tour, ils partaient sur la route de l'or blanc.

Octobre 1977, Saint-Malo.

Alors que je revenais d'une campagne sur les côtes américaines, les cales pleines de harengs, Legrand m'a appelé. Il avait reçu un coup de fil d'un gars chez qui mon deuxième fils avait atterri. C'était le patron d'une auberge de Trébeurden qui avait pris son téléphone pour me prévenir que mon garçon avait des ennuis. En débarquant, je suis allé le chercher. J'hésitais un peu. Il était parti un jour avec des copains pour refaire le monde. Et depuis, nous n'avions plus eu de nouvelles. C'est Legrand qui a insisté pour que j'y aille.

« Fernand, quand un enfant appelle au secours, il faut y aller. »

J'y suis allé. Il avait tout perdu. Je lui ai dit qu'il pouvait revenir avec nous, mais à condition qu'il aille faire un tour à Terre-Neuve avec moi, pour comprendre ce qu'est la vraie camaraderie. Il avait une heure pour prendre sa décision. Il a pris ses affaires, elles tenaient dans un mouchoir de poche.

Tous mes fils et même mon petit frère étaient alors à la mer. Ils naviguaient avec moi. Jean-Marc avait passé son brevet de lieutenant de pêche à Saint-Malo. Il serait bientôt capitaine. Mon troisième, Alain, était parti en apprentissage. Mais là, il ne gagnait rien, il est venu naviguer. Cette fois, c'était au tour de Michel. Malgré les nouvelles difficultés du métier, ils partaient à leur tour sur la route de l'or blanc. Il y a des histoires qui ne peuvent pas s'éteindre.

71

Ils souhaitaient se retirer ou bien vendre la flotte.

Novembre 1977, Saint-Malo.

Finalement, je n'ai jamais navigué avec mon fils Michel. Quelques semaines plus tard, Legrand m'a demandé de débarquer. Il avait besoin d'un assistant à terre. J'ai quitté le *Capitaine-Pleven* pour devenir directeur d'armement.

Quelques mois auparavant, de grands bouleversements avaient eu lieu dans la société. Comme les autres armateurs, Legrand devait faire face à la chute des cours de la morue et à la hausse du prix du gasoil. Le chalutier classique qui lui restait était moins rentable que les autres, quant aux cinq grands bateaux qui avaient été successivement construits, les charges d'emprunt s'avéraient extrêmement lourdes. Tout le monde serrait les boulons pour ne pas couler et l'armement Pleven faisait de même. Les dividendes n'étaient plus versés.

C'est en 1936 que Pleven avait regroupé autour de lui des fournisseurs avec qui il travaillait depuis de longues années, comme Richard, le grand fabricant de voiles de Saint-Malo. Il se fournissait déjà chez lui quand il commandait des trois-mâts. Tous l'avaient alors aidé à créer son armement de pêche. Mais cet actionnariat, composé d'environ deux cents personnes venant de tous horizons, était vieillissant ou constitué des héritiers des actionnaires fondateurs. En début d'année 1977, ils souhaitaient se retirer ou bien vendre la flotte.

Le président avait été chargé de trouver des acquéreurs. Malheureusement, ce n'était pas vraiment le moment de vendre. Sur les bancs, la concurrence était dure. Et les directeurs des pêches français et canadiens qui se réunissaient chaque année pour attribuer les quotas, c'est-à-dire les quantités de poisson qu'ils autorisaient à pêcher, envisageaient de les faire disparaître. À partir de 1987, il n'y aurait plus d'autorisation de pêche à la morue dans les eaux de Terre-Neuve.

Legrand pensait qu'il fallait plutôt chercher de nouvelles zones de pêche, voire de nouveaux actionnaires. Après quelques mois, il a finalement trouvé une compagnie ivoirienne, la Compagnie Africaine de Pêche Atlantique. La Côte-d'Ivoire avait des accords avec la Mauritanie et la Guinée-Bissau, pays qui avaient attribué à la nouvelle compagnie différentes licences de pêche. C'est là que le *Pierre-Pleven* et le *Colonel-Pleven* allaient partir pêcher. Ils devaient être transformés afin de pouvoir traiter le poisson entier et non en filets.

Cette convention avec la CAPA conditionnait la cession des actions des Pêcheries Pleven, une vente qui s'élevait à 52 millions de francs. Les actionnaires étaient ravis.

72

Au premier étage, une plaque dorée.

Septembre 1978.

Une année s'était écoulée. Nous étions au bord du dépôt de bilan.

En tant que directeur d'armement de la société, je suis parti m'occuper des bateaux en Côte-d'Ivoire. Je n'y faisais que des voyages courts, le temps de régler les problèmes d'équipage et de pêche.

Drôle de retour à terre. Des mers de l'Atlantique-Nord, je me suis retrouvé en Afrique, sous quarante degrés à l'ombre, à essayer de comprendre ce qu'on était venus pêcher, où, et avec qui.

Nous étions partis pour travailler et les bateaux restaient le plus souvent à quai. Une autorisation, une pièce qui manquait, chaque jour un problème nouveau se présentait. Dans les postes et les coursives, les quelques hublots conçus pour le Grand Nord ne suffisaient pas à ventiler. Sous la canicule, les hommes attendaient. Le pont des chalutiers s'était transformé en campement.

Les choses se présentaient très mal. En mer, on s'était rendu compte que les navires étaient trop gros pour ce type de pêche et leurs charges trop élevées. Les équipages n'ont jamais réussi à faire une bonne campagne et ils usaient plus de matériel qu'en Atlantique-Nord où, heureusement, les autres bateaux continuaient de pêcher.

On ne pouvait pas chaluter en Côte-d'Ivoire. Le plateau continental est très court. À quelques dizaines de milles de la côte, la profondeur atteint parfois trois mille mètres. Les licences que l'on avait achetées n'ont servi à rien pour la simple raison qu'on ne trouve en Mauritanie que du poisson pélagique. En Guinée-Bissau en revanche, on a eu une licence que l'on n'a pas eu besoin de payer. Et là, on a pêché. Mais c'était bien le seul endroit.

Au moment du paiement de la première livraison, l'acheteur avait disparu. J'avais rencontré des Français qui étaient installés depuis quelque temps à Abidjan. Ils commençaient à connaître les habitudes locales. Pour me faire payer, ils m'ont conseillé de faire le siège de mes débiteurs.

Mon acheteur connaissait ma date de départ, j'ai attendu jusqu'au dernier jour. J'ai pris un bouquin et me suis rendu à la pêcherie sur le port, un bâtiment en béton gris, semblant inachevé. Au premier étage, une plaque dorée. La secrétaire m'a reçu dans un bureau luxueux qui dénotait avec l'escalier en béton gris poussiéreux. Bien sûr, personne n'était là pour me signer le chèque. Sous le regard inquiet de la jeune femme, je me suis installé dans un fauteuil.

« Mais qu'est-ce que vous faites ?

— Eh bien, j'attends votre patron.

— Mais je vous dis qu'il n'est pas là.

— Il va bien revenir un jour. »

Je me suis enfoncé un peu plus dans le fauteuil, ai sorti mon livre de la poche. Elle s'est levée, est entrée dans le bureau du fond. Je les entendais parler.

Elle est ressortie, s'est remise au travail, levait de temps en temps les yeux vers moi. Il n'y avait qu'une porte, il allait bien finir par sortir.

« Monsieur, l'avion de Paris va partir.

— Des avions, il y en a d'autres. J'ai tout mon temps. »

Avec la nuit qui tombait et sa fraîcheur, les bruits de la rue montaient jusqu'à nous. La secrétaire regardait sa montre, se levait, allait chercher un dossier, le refermait, en prenait un autre, s'énervait. Les heures passaient. Les bruits de la rue s'éloignaient. La femme me regardait. J'entendais l'homme derrière la cloison. Parfois un klaxon dans le lointain. Le temps s'écoulait. En mer, j'avais appris à attendre.

Il est enfin sorti avec un chèque. Je l'ai salué comme si de rien n'était. La ville était devenue silencieuse.

En rentrant à Saint-Malo, j'ai remis mon rapport. Le directeur administratif pensait que je pourrais faire fléchir Legrand, mais c'était trop tard. L'affaire était bouclée et bien bouclée.

Pas de poisson en Côte-d'Ivoire, ni en Mauritanie, aucune assurance de règlement des livraisons. Il était impossible de travailler comme ça. La réaction des associés africains a été immédiate. Je n'étais pas qualifié pour écrire ce genre de choses. La confiance était perdue.

Après quatre mois d'exploitation, les deux chalutiers étaient de retour à Saint-Malo. À la fin de l'année 1978, il fut décidé de refaire pour le *Pierre-Pleven* et le *Colonel-Pleven* une campagne expérimentale sur les côtes africaines. Ce fut un nouvel échec. Les bateaux furent désarmés et mis en vente. Suite à leurs transformations, ils étaient devenus inexploitables en Atlantique-Nord.

Mais les Africains n'entendaient pas sortir du jeu aussi facilement. Ils demandaient à Legrand un million de dollars de commission sur la vente des bateaux. Il était blême de rage. L'accord était soi-disant signé de sa main. Mais le papier sur lequel avait été faite cette reconnaissance de dette n'existait plus depuis longtemps.

Legrand en a eu assez. Il a donné sa démission.

73

Il allait falloir quinze ans pour les rembourser.

Janvier 1982.

De la fenêtre de mon bureau de l'armement, je voyais les trois bateaux vert et blanc qui nous restaient : le *Joseph-Roty,* le *Capitaine-Pleven* et le *Victor-Pleven*.

Les caisses étaient vides. La société avait été mise sous contrôle d'un administrateur judiciaire. Pour trouver une solution, le gouvernement ivoirien, garant de la transaction, a détaché deux coopérants du ministère de la Production animale de Côte-d'Ivoire et un conseiller du ministère des Finances.

Nous devions racheter les actions du gouvernement ivoirien et sortir de cet imbroglio. Nous avons décidé de créer une nouvelle société. La Comapêche. Yvon Bourges est intervenu. Ancien administrateur en Côte-d'Ivoire, il connaissait très bien le président Houphouët-Boigny. André Touzé était lui conseiller du ministre des Finances de Côte-d'Ivoire et entretenait de très bonnes relations avec les milieux bancaires. Les banques avaient tout intérêt à nous suivre : nous n'avions pas terminé de payer les chalutiers. Nous avions encore des quotas, même s'ils avaient baissé depuis 1977, passant de vingt-neuf mille tonnes à vingt-trois mille en 1980. Mais rien n'était dramatique si nous pouvions naviguer.

J'étais devenu le donneur d'ordres. Je restais la seule personne qui connaissait le mieux la pêche et les bateaux et redonnait confiance aux fournisseurs. On travaillait ensemble depuis quinze ans. Ils savaient que si je leur garantissais d'être réglés, ils le seraient.

Sur ma table, une grande feuille de papier. La Comapêche serait montée avec les salariés de l'entreprise. Pour le personnel à terre, nous avions décidé qu'il ne fallait prendre que les cadres. Pour les navigants, dans un premier temps, nous envisagions cinq à six hommes par bateau.

J'ai inscrit sur la feuille les listes d'équipage. Puis j'ai commencé à rayer un certain nombre de personnes. Je les connaissais bien. Je savais à quoi m'en tenir. J'ai mis le capitaine, le second, le lieutenant, le chef mécanicien, le radio. Et puis j'ai encore rayé. Finalement, je m'en suis tenu au capitaine et au chef mécanicien. Les chefs mécaniciens devaient avoir cinquante actions et les capitaines cent. Mais j'ai eu un mal fou à convaincre les capitaines de les prendre. Ils étaient pourtant les mieux payés et c'était pour eux la seule façon de conserver leur emploi.

Nous avions également décidé de faire entrer nos clients et nos fournisseurs dans la société. Chacun a joué le jeu à raison de cent actions minimum et certains clients en ont même pris un peu plus. Touzé s'occupait des institutionnels. L'Institut de Dévcloppement des Industries Agricoles et Alimentaires, la Société de Développement Régional et l'État allaient être pour un temps dans la nouvelle société.

Quant à moi, j'ai réinvesti tout mon argent. Si je voulais être écouté, il fallait que je sois actionnaire. Mais la tâche était difficile. Si tout allait bien, il faudrait au minimum quinze ans pour rembourser le gouvernement ivoirien.

74

Certains capitaines ont eu du mal à m'accepter.

Février 1982.

Dans le bassin, les chalutiers avaient fini leurs chargements. Ils étaient prêts à appareiller. C'était le premier départ de la nouvelle société. De cette campagne dépendait l'avenir de la Comapêche.

Nous avons décidé de garder tous les capitaines. Ils allaient bientôt être cinq pour trois bateaux. Mais ils allaient tourner chacun leur tour et se partageraient les salaires. Si les bateaux pêchaient bien, ceux qui faisaient de moins bonnes prises ne seraient pas perdants. C'était une nouveauté dans ce métier. Mais je souhaitais garder mes meilleurs hommes.

En principe, en tant qu'armateur, je ne devais pas intervenir sur la constitution des équipages. C'est toujours le problème du capitaine. C'est lui qui décide de ses hommes. C'est à lui de voir ceux qu'il garde ou qu'il ne garde pas. S'il a de mauvais éléments, c'est qu'il n'a pas su les choisir.

Mais, depuis la vente de deux navires, on devait s'entendre entre nous pour répartir les cinq équipages sur les trois bateaux. Certains capitaines ont eu du mal à m'accepter. En mer, nous étions concurrents. Mais il fallait bien que les choses se fassent.

Les objectifs entre capitaines et armateurs sont identiques. Le capitaine est le principal collaborateur de l'armateur. Legrand me le disait à l'époque où je commandais ses chalutiers et me considérait d'ailleurs ainsi. Avec les salaires que les armateurs leur laissent, ils sont comme des associés. Ce sont eux qui font les bons armements. Sur eux repose toute la réussite de l'entreprise. C'est la raison pour laquelle on ne construit pas ou on ne mène pas des améliorations sur un bateau sans les associer au projet. Les capitaines sont toujours responsables de leurs erreurs. C'est la raison pour laquelle j'ai toujours été contre les capitaines porteurs. Question d'honnêteté. Il n'y en a jamais eu à la Comapêche. J'avais gardé un trop mauvais souvenir de celui avec qui j'avais embarqué sur le *Joseph-Duhamel II* en 1957.

Finalement, les capitaines ont bien voulu de mes propositions. Nous avons gardé les meilleurs marins. Les bateaux continuaient à Terre-Neuve et en mer de Norvège.

Le 17 février à neuf heures, le *Capitaine-Pleven* a largué. Michel Auzou, son capitaine, était un de mes poulains. Il avait tout appris à mes côtés.

Fin 1968, alors que je commandais le *Pierre-Pleven*, il était venu me trouver chez moi, à Fécamp.

« Je viens voir pour savoir si vous avez besoin d'un lieutenant. Mais je sais que si vous embauchez, vous ne me prendrez pas.

— Qu'est-ce que tu fais là, alors ? Ce n'était pas la peine de venir. Allez, assieds-toi, justement j'en cherche un. »

J'étais en train de préparer l'armement du prochain voyage. Auzou n'a pas eu le temps de comprendre. Il s'est retrouvé dans un fauteuil, un cigare et un verre de cognac à la main. J'ai vu sa tête et ça m'a bien fait rire.

Ce garçon, je le connaissais depuis qu'il était tout petit. Au moment de la Saint-Pierre des marins de Fécamp, le comité choisissait toujours deux capitaines pour faire le tour des commerces et récolter de l'argent. Pendant plusieurs années, tous les mois de février, son père et moi avions arpenté ensemble les rues de la ville. On se retrouvait chez lui, il habitait rue de Mer à côté de la maison.

Il avait quatre enfants, une fille et trois garçons. Je n'ai jamais vu des petits aussi débrouillards. J'ai ensuite appris que Michel se destinait à la pêche. Il avait passé son brevet de second et revenait tout juste du service militaire, sans le sou. J'étais bien content de le retrouver. Il avait fait la route depuis Fécamp pour me voir.

Il m'a dit plus tard qu'il avait beaucoup hésité à venir et fait de nombreux allers et retours dans la rue avant de se décider à appuyer sur la sonnette. Un jeune qui n'a pas encore fait ses preuves n'a aucune chance d'être embauché par un capitaine à qui on a remis le ruban bleu. C'est vrai que des lieutenants, il y en avait d'autres. C'était à lui de faire ses preuves. Je ne l'aurais pas repris sinon et il le savait.

Il a été mon lieutenant. Il a très bien marché, puis il est passé second. Quand j'ai débarqué pour devenir directeur d'armement, il venait de passer son diplôme de capitaine. J'ai souhaité que ce soit lui qui prenne ma suite sur le *Capitaine-Pleven*.

En 1981, à ma demande, il a embarqué mon fils Jean-Marc comme second. Au retour, il lui a laissé le commandement. Il venait de passer son brevet de capitaine.

Pour cette campagne, Jean-Marc prenait le *Victor-Pleven*. Il a viré dans le bassin, attendant à son tour l'ouverture des écluses.

J'ai revu mon premier départ à bord du *Belle-Normandie* avec Joseph Duhamel sur le quai. J'ai retrouvé ses mots : « Priez pour les marins qui restent à terre, ceux qui sont en mer, ils se démerdent. »

Le bateau a pris de l'erre. A corné trois coups.

75

On ne quitte pas comme ça ce métier. La vie à terre est une chose compliquée.

1983.

J'ai finalement souhaité installer ma famille à Saint-Malo. Mais les enfants avaient grandi, cette maison me semblait un peu vide.

Les journées étaient plus difficiles qu'en mer. Et les paroles de Duhamel prenaient de plus en plus de sens. Les marins me l'avaient pourtant dit. J'en avais connu un qui était venu me voir quelques années auparavant. Il avait voulu arrêter de naviguer pour une femme. Mais à terre, ça ne collait plus. Elle avait fini par le quitter. À chaque débarquement, une vie nouvelle commençait. Alors qu'en vivant en permanence ensemble, la lassitude s'était installée.

Et chacun était reparti de son côté.

On ne quitte pas comme ça ce métier. La vie à terre est une chose compliquée.

Comme pour le *Colonel-Pleven* dont il avait repris le commandement à ma suite, Michel Auzou avait racheté à Fécamp notre maison de la rue Jules-Ferry. Celle de la rue de Mer avait été longtemps occupée par ma sœur, désormais ses enfants l'habitaient.

La photographie de mes parents et de leur bonheur fugitif était restée dans le même tiroir. Ma sœur aînée, Marcelle, était devenue la gardienne de la famille. Mais personne n'en savait plus sur le destin de ces deux personnes qui s'étaient si brutalement séparées.

Dans le salon, le fauteuil de la grand-mère était toujours là. Au mur, les deux médaillons en bois doré avec les photographies de nos ancêtres trônaient au-dessus de la cheminée semblant surveiller leur lignée. C'était alors au tour de mes neveux de prendre tous leurs repas face aux portraits d'Amanda et de Valerio Vidal. Et je me demandais pourquoi certaines personnes s'acharnaient à garder de vieilles images qui ne font pas revenir ceux qui ont disparu. Même le port commençait à se transformer en clichés aux reflets jaunis. Le passé ne ferait pas revenir le présent.

Le *Dauphin* était le dernier chalutier à partir pour les bancs. Les sécheries et les boucanes s'étaient arrêtées. Quelques armateurs s'étaient reconvertis à Boulogne. Certains s'accrochaient encore, continuaient la petite pêche ou lançaient des croquettes de poissons surgelés. La France possédait la plus grande surface maritime d'Europe. Mais les femmes achetaient de la morue importée. Et les hommes, le front bas, subissaient les licenciements collectifs. Ils partaient travailler à l'usine Renault de Sandouville. On les disait bons travailleurs.

Bientôt la rubrique Grande Pêche serait rayée des registres du commerce. Seuls les bois dorés des cadres ovales du salon continueraient à briller. Mais personne ne serait plus là pour raconter la mer, les glaces, les brumes des *terrae baccallaos*, les terres de l'or blanc. Renoncer, c'était se taire, oublier. Renoncer, c'était abandonner tout destin.

76

Là où j'avais le plus à craindre,
c'était du côté des armateurs.

À terre, il me fallait recommencer mon apprentissage. Et, encore une fois, je n'avais pas le droit à l'erreur. Sans aucun soutien, je m'aventurais dans un monde que je ne connaissais pas.

Des amis ont accepté de me conseiller. Je pouvais compter sur eux. Deux industriels de Boulogne-sur-Mer, des fabricants de matériel de pêche qui étaient devenus actionnaires de la nouvelle société Comapêche. Nous nous sommes rencontrés à Caen et nous avons passé la journée ensemble. On m'avait déjà mis en garde sur un certain nombre de choses. Mais j'avais encore beaucoup à apprendre.

Si certains me faisaient confiance, en revanche, d'autres ne donnaient pas cher de ma peau. J'ai bien compris que l'on m'attendait au tournant, avec un fusil prêt à tirer. De nombreuses personnes auraient bien pris ma place, il fallait que je fasse attention. En mer, j'ai toujours été très prudent. À terre, je devais agir de la même façon.

La plus grosse surprise est venue de là où je m'y attendais le moins. Là où j'avais le plus à craindre, c'était du côté des armateurs. Pourtant, Pleven m'avait prévenu et tout ce dont il m'avait parlé s'est réellement passé.

Juste avant la constitution de la nouvelle société Comapêche, j'ai assisté pour la première fois au conseil d'administration du Syndicat de Grande Pêche. L'armement en était adhérent et à ce titre faisait partie du conseil d'administration de l'Union des Armateurs à la Pêche de France qui regroupait les différentes branches du monde de la pêche. Le président du conseil d'administration du Syndicat de Grande Pêche était un ancien armateur de Bordeaux. Au cours des débats, je suis intervenu sur des sujets que je connaissais très bien. J'ai vite senti que ce que je disais ne plaisait pas trop au président.

Évidemment avec moi ils étaient mal tombés. J'étais un ancien capitaine. Quand on parlait des zones de pêche, j'étais le plus qualifié pour en parler. Pour dire si oui ou non, on pouvait accepter ce que l'administration nous proposait. Chose qu'eux ne pouvaient pas faire sans en référer à leurs capitaines. Tous ceux qui ont le mieux réussi dans l'armement sont les anciens patrons de pêche. Ils savent ce que parler veut dire. Il fut un temps où il n'y avait dans cette assemblée que d'anciens capitaines, tout particulièrement après la guerre. À Saint-Malo, vous aviez Pleven, Louis Girard. À Bordeaux, à Fécamp et à Boulogne, les dirigeants étaient d'anciens marins.

Mais quand la deuxième ou troisième génération arrive, elle n'est passée que par les écoles et elle ne connaît pas le métier de la mer. On dit que « la première crée l'entreprise, la deuxième la conserve et la troisième la bouffe ». J'ai aussi vite compris qu'il n'est pas toujours bien vu d'être autodidacte dans cette profession. Surtout quand ils s'aperçoivent que vous avez souvent raison.

Ils ont très mal pris mon intervention.

« Je vous rappelle, monsieur, que vous parlez à des armateurs. »

Mes propos n'étaient pas insultants, bien au contraire. Mais manifestement, je n'étais pas de leur monde. Et ils se serraient les coudes devant ce petit capitaine qui se permettait d'intervenir. Il me fallait mettre les choses au point.

« Monsieur le président, je ne suis peut-être pas armateur, mais, à part Jacques Ledun, personne ici ne l'est. Lui seul possède un chalutier armé à Fécamp.

Tous les autres, moi y compris, nous ne sommes que des représentants des armements. Et je vous précise qu'aujourd'hui j'ai plus ma place que vous ici. J'ai cru comprendre que certaines difficultés financières vous ont fait céder votre société. »

Il y eut un flottement dans la salle, mais je n'étais pas à une tempête près.

Je viens d'un monde où il vaut mieux dire haut et fort ce que vous pensez, sinon vous vous faites bouffer. On m'a souvent reproché d'être une grande gueule. Mais dans le milieu où je suis né, où j'ai grandi et travaillé, c'était bien la seule façon de se faire entendre.

Quelques mois plus tard, le président m'a appelé. Il avait donné sa démission et quitté la présidence du conseil d'administration de Grande Pêche. Il souhaitait me revoir pour me parler. Ce qu'il m'a dit m'a fait très plaisir. Il s'est excusé de ce qui s'était passé au cours de ce fameux conseil, en me disant qu'il aurait souhaité mieux me connaître. Mais j'étais quand même content qu'il parte.

Les armateurs commençaient à me regarder différemment. Ils restaient entre eux, mais j'avais remarqué un certain respect à mon égard. Ils ne m'interrompaient plus lors des débats dans les réunions. Je n'étais toujours pas de leur monde, mais nous tenions la barre de la nouvelle société.

77

Aujourd'hui vous êtes riche, demain pauvre.

1984, Saint-Malo.

Le conseil d'administration de Comapêche s'est réuni. Tous me faisaient confiance. J'ai été élu président-directeur général.

J'ai repris le bureau de Legrand qui avait été auparavant celui de Pleven. Malgré la récente tourmente, l'armement occupait toujours les mêmes locaux. Au pied des silos à grain au fond du bassin Duguay-Trouin, le bâtiment ne s'était toujours pas défait de son odeur de morue. Depuis que Legrand avait installé une sécherie à l'arrière, le sel continuait à ronger les murs. Le sel, personne ne sait combien de temps il faut pour s'en débarrasser.

Le bureau était une petite pièce sobre. Pleven n'avait jamais eu la folie des grandeurs. Il lui suffisait d'avoir une table, un téléphone, deux fauteuils pour pouvoir discuter, une bonne bouteille de calva et de cognac en réserve dans un petit placard.

Le 21 mai 1961, j'étais assis dans ce fauteuil. Puis quand Legrand s'était mis à taper lui-même mon contrat à la machine. Je m'étais levé et, debout entre le bureau et la fenêtre, lui avais dicté le contenu. Pleven, silencieux, m'avait observé. Je revois encore son demi-sourire lorsque j'ai annoncé que je voulais cinq pour cent d'intéressement sur les résultats de mon bateau. Il n'a même pas discuté.

« Nous nous y attendions un peu. »

Je crois qu'il était content que j'aie bien voulu quitter Fécamp pour le suivre.

Sur la table se trouvait toujours son sous-main en marocain rouge. La même lampe, seul le papier à en-tête avait changé.

Sur l'un des murs était encadrée la photo de l'*Immaculée-Conception*, le premier voilier terre-neuvas, le premier bateau de l'armement. J'ai rajouté quelques tableaux de Fécamp. Ceux que j'avais achetés alors que je commençais à naviguer. Le peintre à qui je versais une rente était alors reconnu.

À côté du bureau, se trouvait la salle de réunion. Au fond de cette pièce, Legrand avait accroché un grand miroir. De son bureau, il pouvait ainsi sans se lever de son siège surveiller les allées et venues de ses collaborateurs. J'ai conservé le miroir. Pendant longtemps, il avait également installé un système d'écoutes téléphoniques sur toutes les lignes de la société. Seul le directeur administratif n'y avait pas eu droit. C'était lui qui m'avait d'ailleurs prévenu.

Dans ce métier, c'est comme ça. À terre comme en mer, on aime bien savoir ce qui se passe. Mais, le jour où j'ai appris ça, j'ai immédiatement démonté mon téléphone. Legrand s'en est rendu compte.

« Dis-moi, t'as décroché ? Ça ne te plaît pas ? »

Il a compris et il ne l'a jamais réinstallé.

J'ai fait disparaître ce système. Les temps avaient changé.

Je reprenais peu à peu la barre. Mais Pleven n'était plus là pour m'aider, ni Legrand qui n'était pas resté assez longtemps. Je devais apprendre tout seul.

Finalement, je me suis rendu compte que Pleven m'avait transmis pas mal de choses. Je l'avais toujours entendu dire que ce n'est pas difficile d'être armateur quand on a été capitaine. Lorsque l'on sait gérer un navire, on peut en gérer quatre ou cinq.

Comme à bord, je savais que c'est une entreprise où il faut être très prudent. C'est une profession pleine de surprises. Personne n'est jamais sûr de trouver le poisson. Les bateaux sont également dépendants de la météo, avec parfois des temps épouvantables qui empêchent de pêcher.

Pleven disait souvent : « Aujourd'hui vous êtes riche, demain pauvre. »

Par ailleurs, je savais que dans ce type de métier, comme dans bien d'autres, il faut toujours avoir une grosse réserve de trésorerie et ne jamais faire d'investissements à terre. Ils ne servent à rien. Une année au mois d'avril, notre trésorerie annuelle était faite. Ce qui ne nous a pas empêchés d'en reperdre la moitié les mois suivants. Il y a des voyages qui ne rapportent rien et un navire en mer, ça coûte cher. Sur quatre bateaux, l'un va peut-être bien travailler, les deux autres juste équilibrer, et le dernier perdre de l'argent. Personne ne sait ce que sera la prochaine pêche. Parfois, il vaut mieux faire rentrer ses navires en attendant des jours meilleurs. Mais un bateau immobilisé à quai pour une quelconque raison, s'il perd les premiers voyages de l'année, n'est jamais sûr de pouvoir équilibrer les mois suivants. De toute façon, ce qui est perdu ne se récupère jamais.

Capitaine et armateur sont des métiers complémentaires. Quand on est capitaine, on commande un bateau. Quand on est armateur, on dirige tous les bateaux de l'entreprise. Même armateur, on continue à pêcher, à chercher le poisson. C'est encore de la pêche. Un armateur est un général d'armée. Il dirige ses capitaines selon les endroits où ils se trouvent. Je crois que, jusque sur mon lit de mort, se dessineront les lettres du Grand Banc des cartes marines. Je verrai les glaces de la baie Notre-Dame, ou encore certains bancs du Labrador, que j'avais découverts et qui n'avaient jamais été travaillés. J'aurai ça dans la tête toute ma vie.

78

Il continuait à travailler pour payer sa maison. C'est sa mort qui l'a payée.

En mer, j'ai toujours été proche de mes équipages. Je savais tout avant même de poser des questions.

Mais en étant à terre, je sentais que les liens risquaient de se distendre. Aucun de mes capitaines ne me donnait les bonnes informations sur la pêche. Ceux qui naviguaient auparavant avec moi savaient que l'on ne transmet rien à son armateur avant d'avoir les cales pleines. Ils appliquaient simplement mes consignes.

Quand je naviguais, j'étais avec mes hommes, je faisais comme eux. Tout le monde doit se sentir solidaire à bord d'un bateau, comme dans un armement. En tant que capitaine, je descendais dans les cales, à l'usine. Étant à terre, je devais trouver des astuces pour rester proche.

J'ai repris mon quart, mais cette fois au marché du samedi à Rocabey, le plus proche des bassins. Beaucoup de gens me connaissaient et s'arrêtaient pour me parler. Sur les quais, je passais aussi en voiture. Je roulais doucement, ralentissais, descendais dès que je croisais une connaissance. Ils me voyaient arriver de loin, me faisaient signe. Parfois, un groupe se formait spontanément. Les gars se retrouvaient, rigolaient, mais parlaient aussi de leurs problèmes, de leurs soucis. Les gens sont bavards. Il y avait toujours un ami d'un cousin qui connaissait quelqu'un à bord. Je comptais aussi sur les femmes. Elles aimaient bien parler de leur mari. Elles savaient toujours ce qui se passait sur le bateau et surtout s'il pêchait bien.

Les capitaines étaient souvent silencieux. Mais parfois, ils étaient quand même bien contents de me trouver. Ils me demandaient conseil. Un jour, c'était pour une question d'homme dont ils doutaient, un autre jour pour un chalut. Je continuais à travailler avec l'Ifremer, mais leur matériel n'était pas toujours au point. Je trouvais un nouveau chalut et leur faisais porter par un bateau d'un port pas trop éloigné. Avec un autre armateur, ils se seraient fait envoyer promener.

« Comment ? Le chalut n'est pas bon ? Pourtant, on vous a donné ce qu'il y a de mieux. »

J'étais là pour les aider, pas pour leur dire de se débrouiller. Si le poisson disparaissait, je les conseillais sur une nouvelle zone, une nouvelle tactique. Toute ma vie, je ne ferai qu'y penser.

Avec certains cependant, j'avais plus de mal. L'un d'eux m'a même raccroché plusieurs fois au nez alors que je voulais en savoir plus. Un vrai caractère de cochon. Mais je ne pouvais pas lui en vouloir. Un béni oui-oui, je n'aurais pas aimé ça. D'autres étaient plus orgueilleux. Ils ne me demandaient jamais rien. Mais je leur avais quand même transmis, à tous, mes cartes et mes cahiers de pêche. Ma richesse de capitaine.

En tant qu'armateur, on doit rester très solidaire. En revanche, personne ne doit intervenir dans la vie des marins. Que ce soit dans celle qui se déroule en mer. Comme celle qui se passe à terre. Quand je suis devenu armateur et que les marins naviguaient, j'ai toujours estimé que c'était de mon devoir de recevoir leur femme. Elles peuvent avoir un gros problème, leur mari n'est pas là. Il travaille chez nous. Tout ce qu'on peut faire, on doit le faire. En revanche, lorsque les maris sont à terre, on ne doit jamais intervenir. Je l'ai fait une fois et je m'en suis mordu les doigts.

L'un de mes capitaines était devenu très proche. Il venait souvent à la maison. Un gars de Fécamp, merveilleux à tout point de vue qui ne disait jamais de mal de personne. Mais il n'avait pas fait un mariage d'amour.

Pour passer le temps pendant les traversées qui semblent toujours très longues, il jouait au golf sur le pont du bateau. C'était sa façon d'attendre la fièvre des bancs. Un jour, il est tombé. Il était mort, mort debout sur sa passerelle. Il était à quatre jours de Saint-Malo. Il savait qu'il était malade, et il pensait que certainement, avec ce qu'il avait, on l'empêcherait de naviguer. Il n'en avait jamais parlé à personne. Il continuait à travailler pour finir de payer sa maison.

C'est sa mort qui l'a payée.

79

J'ai procédé comme pour un chalutier à la mer.

À bord, je connaissais tous les gestes du métier. Mais à terre, ce n'était pas la même affaire.

Pour choisir mes collaborateurs, j'ai procédé comme pour un chalutier à la mer. Quand j'étais capitaine, je demandais aux marins leur fascicule. Et là, suivant l'âge du gars, je voyais son parcours, s'il avait changé souvent de bateau ou, au contraire, s'il était resté longtemps dans le même armement.

Après lui avoir posé un certain nombre de questions sur ses différents embarquements, j'arrivais à la principale : « Pourquoi n'es-tu pas resté ? »

Un gars qui parle franchement, sa réponse est spontanée.

« J'ai demandé une augmentation au capitaine, il n'a pas voulu m'en donner. »

Est-ce qu'il estimait que le gars n'était pas apte à être ramendeur, ou trancheur ou autre chose, ou bien, est-ce que le capitaine avait déjà son équipe formée et qu'il ne pouvait pas augmenter le nombre de parts ? Ce type de situation m'était arrivé souvent. Certains gars que je ne pouvais pas garder sont partis parce que j'avais un nombre de parts à respecter et que je ne pouvais pas les augmenter. Armateur, je continuais à pratiquer les mêmes méthodes.

Certains comptables avaient les capacités pour être chefs comptables, mais la route leur était barrée par ceux qui étaient déjà en place. Ceux-là, on pouvait leur laisser leur chance.

Avec les hommes, quelle que soit la situation, on voit vite à quoi s'en tenir. Les types qui picolent, on les sent tout de suite parce les gars avant de venir vous voir, ils vont au bistrot « pour se donner du courage ». S'il arrivait à dix heures en sentant le Ricard, je lui disais gentiment qu'il y avait déjà quelqu'un. Le choix des hommes c'est important, primordial. En revanche, quand un gars se met à picoler à bord, je lui laissais toujours une chance d'arrêter. J'en avais un qui était responsable de la peinture des bateaux, mais il s'était mis à boire. C'était un homme excellent, il travaillait à la perfection. Je l'ai mis à ranger les dossiers. Ils étaient traités à la minutie. La seule chose, c'est qu'il avait l'interdiction d'aller sur les quais pour ne pas être tenté de s'arrêter au bistrot. Certains voulaient que je le licencie, mais je ne l'ai pas regretté. C'était un type bien.

80

Alors, plus tard on allait, plus tard on était le mois d'après.

1984, Saint-Malo.

Les marins étaient sur les quais. Ils refusaient d'embarquer sur le *Victor-Pleven*. J'ai immédiatement désarmé le navire.

À peine élu président, je découvrais ma première grève. La seule. Les autres je les ai menées avec mes hommes. Mais c'était quelques années plus tard, au moment de la guerre de la morue entre la France et le Canada.

C'était la première fois que je voyais des marins se lever contre moi. En mer, ça ne m'était jamais arrivé. Mais à bord, c'était différent. J'étais immédiatement obligé de résoudre le problème, sinon il me sautait au visage. Là, je ne l'avais pas vu venir.

Quand on est capitaine, on doit sans cesse gérer des situations différentes et imprévues. Pendant quinze jours, c'est le calme plat et puis, soudain, on doit affronter des événements et des facteurs totalement nouveaux. J'ai compris ce jour-là que si je voulais éviter les problèmes, il fallait que je continue à penser en capitaine. À terre, c'était comme en mer. Très vite, les clans se forment : il y a les forts, les suiveurs, les querelleurs. Là encore me parvenaient aux oreilles les fameux bruits de coursives, que tout le monde a entendus, qui s'installent peu à peu dans la tête des gens.

Effectivement à l'origine, il y avait bien un problème. Cette année-là, nous n'avions pas les licences de pêche nécessaires pour pêcher le cabillaud et les hommes devaient partir à la crevette.

On avait commencé à la pêcher en 1982. Mais l'année suivante, nous n'avions pas atteint notre quota. Nous étions rentrés avec seulement cent soixante-quinze tonnes de crevettes, là où nous aurions dû en avoir au moins deux cents. Les Danois nous avaient invités à quitter la zone plus tôt que prévu à cause d'un bateau d'un autre armement français qui avait donné quelques coups de chalut de trop. Dans ce métier, quand un confrère commet des erreurs, tout le monde trinque.

Toujours est-il que les marins avaient perdu près de 1 500 francs sur leur part de pêche. Ils n'avaient aucune envie d'y retourner. Ils savaient qu'ils ne toucheraient pas autant qu'à la morue.

Pour cette raison, j'aurais bien aimé qu'on en vienne à un système global de rémunération. En partageant l'ensemble des prises de tous les bateaux entre les marins, on aurait eu une parfaite équité au sein de l'armement. J'avais réussi à le mettre en place pour les capitaines, mais pour l'équipage, c'était une autre affaire. D'une part, ce n'était pas prévu par la convention collective. Mais surtout, les marins n'étaient pas d'accord. Les hommes font ce métier pour gagner de l'argent et l'idée de partager ne leur plaisait pas.

Malgré la convention collective, quelque temps auparavant, j'avais quand même réussi à faire supprimer les deux mois d'avance et à envoyer le salaire mois par mois aux familles. On savait ainsi qu'elles auraient toujours de quoi vivre. À l'origine, on donnait cet argent pour aider à l'élaboration du trousseau. Quand on savait bien gérer, c'était bien. Mais c'était rarement le cas.

En général, les marins sont de véritables paniers percés. Quand ils arrivent à terre, c'est table ouverte tous les jours et les femmes doivent tenir les cordons de la bourse. Le problème c'est que certains prenaient les avances et ne partaient pas. D'autres dépensaient tout l'argent avant d'embarquer. Les familles devaient ensuite attendre le troisième mois échu de navigation. Dès le 15, elles achetaient à crédit à la boutique et vivaient au jour le jour. Je sais de quoi je parle. J'ai été élevé comme ça chez mes parents. Parfois c'était le 15, parfois on tenait jusqu'au 20 du mois. Mais on était toujours en avance. Alors, plus tard on allait, plus tard on était le mois d'après.

Les deux mois d'avance avaient donc été supprimés. Les marins avaient donné leur accord, même les syndicats. Pendant toute ma vie de marin, j'ai toujours été syndiqué, je n'allais pas changer ma façon de voir les choses en devenant armateur. Les syndicalistes m'aimaient bien en général, ils ne me contredisaient jamais. Bien des fois, je me suis même retrouvé à leurs côtés. Ils étaient bien contents quand j'étais là. Je ne parlais pas que pour moi, mais au nom de l'ensemble des équipages et de l'armement. C'est toujours plus simple d'obtenir à plusieurs ce qu'on ne peut avoir tout seul. En ayant une vision plus large des choses, on arrive toujours à résoudre le problème.

Pour dénouer cette grève, j'ai finalement décidé de publier dans la presse les salaires des marins. C'était un actionnaire qui m'avait conseillé d'ouvrir mes livres de comptes. Je ne pouvais pas accepter d'être accusé de vol. Dès cette publication s'est produit un revirement parmi la population. Elle s'est rendu compte que les gars n'étaient finalement pas si à plaindre. La grève a cessé immédiatement.

81

Finalement, les principes de l'Ancien Régime survivent toujours.

L'opinion publique a été très étonnée d'apprendre combien pouvait gagner un pêcheur. Depuis toujours dans l'esprit des gens, ces hommes-là ne gagnent rien.

Pour beaucoup, on est resté au XIXe siècle. Les premières actions syndicales ont pourtant vu le jour en 1914. Mais ça rassure tout le monde de parler de « bagnards de la mer » et de traiter les armateurs de « buveurs de sang ». Il n'est pas bien vu dans ce pays de gagner de l'argent. Il n'est pas bien vu non plus de bousculer l'ordre établi. Finalement en France, les principes de l'Ancien Régime survivent toujours.

Un capitaine de pêche gagne beaucoup mieux sa vie qu'un commandant de la Marine marchande. Cette différence a d'ailleurs créé une certaine rivalité exacerbée par la non-reconnaissance de notre métier. En effet, l'examen de capitaine de pêche et celui de capitaine Marine marchande sont presque identiques. Ils se déroulent en même temps. On a juste un problème d'astronomie en moins. On avait technique de pêche. Eux, avaient théorie du navire. Tout ça se compensait. Mais ils pouvaient commander au commerce comme à la pêche, à condition d'avoir navigué vingt-quatre mois à la pêche comme officier. Tandis que nous n'avions la possibilité de commander qu'à la pêche. Et pourtant, les capitaines de pêche savent aussi bien naviguer que les capitaines de la Marine marchande.

Au début de ma navigation, quand j'avais seize ou dix-sept ans, je nourrissais ma famille avec mon salaire et mes parents payaient même des impôts. De 1961 à 1977, en tant que capitaine, j'avais droit à 5 % du chiffre d'affaires sur le tonnage de morue. En 1977, je suis arrivé à gagner un salaire annuel de 780 000 francs. C'était énorme à l'époque. Les bateaux rapportaient parfois des cargaisons de neuf ou dix millions de francs. Avec trois voyages, on tournait autour de vingt-cinq millions de francs de chargement sur l'année. À bord, chacun est payé en nombre de parts de pêche selon son grade. Le second capitaine, le second mécanicien et le radio avaient quatre parts chacun. Le radio, trois parts soixante-quinze. Le lieutenant, le chef de bordée et le cuisinier obtenaient deux parts et demie. Un spécialiste, une part soixante-quinze et le matelot, une part. Un matelot gagne quatre fois moins qu'un second capitaine. Mais je ne connais pas d'entreprise où un jeune sans formation touche le même salaire qu'un directeur.

Beaucoup parlent et écrivent n'importe quoi. Le papier n'a jamais refusé l'encre. J'ai connu un administrateur des Affaires maritimes qui ne savait pas lui-même comment se calculaient les salaires à la pêche. Sur un chiffre d'affaires de dix millions de francs, un cinquième revient à l'équipage, ce qui fait deux millions de francs. Pour connaître le nombre de parts à attribuer par bateau, la convention collective établit un coefficient de 1,60, le capitaine et le chef mécanicien n'étant pas compris dans ce calcul. Pour un équipage de cinquante-six personnes, cela donne 89,6 parts. Deux millions de francs, divisés par 89,6, ça fait une valeur de part de 22 321 francs. Celui qui a quatre parts gagne plus de 89 000 francs pour le voyage, salaire auquel il faut rajouter les congés payés. Pour les congés payés, on compte 17,75 jours par mois de navigation. Un embarquement de cinq mois en mer donne donc droit à 88,75 jours acquis. Ces chiffres sont loin des salaires de misère dont on parle souvent. Comme pour les capitaines, j'avais instauré un système de pourcentage pour les chefs mécaniciens. Et, quand la pêche était mauvaise, se mettait en place un salaire minimum garanti. Mais ce minimum garanti a surtout été utilisé à la fin des années quatre-vingt, au moment de la guerre de la morue.

Ils ont été trop heureux mes capitaines. Avec trois bateaux, ils tournaient chacun leur tour. Ils se partageaient les salaires. L'un d'eux, une année, a navigué quarante-cinq jours et a gagné 600 000 francs.

Autrefois, quand on embarquait six mois à la Grande Pêche, ça comptait pour douze. Entre chaque voyage, certains partaient à la pêche fraîche. Si bien que certains marins ont eu jusqu'à quatorze ou quinze mois de navigation par an. Finalement, certains marins de Terre-Neuve auraient pu prendre leur retraite bien avant cinquante ans.

Les marins à la Grande Pêche ont maintenant soixante pour cent d'abattement sur leurs impôts, ce n'est pas rien. Là, personne ne se plaint, personne n'en parle. En revanche, on continue à les prendre pour des bagnards. C'est avec des mots comme ça qu'on les déshonore.

82

La mer exige plus de talent que d'ancienneté.

Pendant cette grève, les gens étaient contre moi. On me traitait de « buveur de sang » et les marins de « bagnards de la mer ». À quoi bon former des marins, à quoi bon sauver la Grande Pêche si c'est un métier de bagnards ?

On a beaucoup écrit sur la pêche à Terre-Neuve, sur ce métier de bagnards. Mais la plupart ne l'ont pas vécu. Avant la guerre, je ne connais pas. Les voiliers, j'en ai entendu un peu parler. Mais ils avaient pour la plupart disparu quand j'ai commencé à naviguer. Mais je sais ce que mon oncle m'en a dit. Il regrettait cette époque. Il disait que là au moins, on était libre. Maître à bord de son doris, maître de sa pêche. Et puis comme tout le monde, j'ai lu des livres sur le sujet. Mais il est bon de parler d'aujourd'hui. On ne vit pas sur le passé des autres.

Il ne faut pas oublier qu'au XIXe siècle et au début du XXe, le travail dans le monde industriel et agricole était également difficile. C'était alors une époque où les différents milieux professionnels bénéficiaient d'une faible protection sociale. J'ai eu des jeunes marins qui venaient de la campagne. C'était vraiment dur et ils ne gagnaient rien. Ils se levaient à cinq heures pour traire les vaches, aller dans les champs, payés à coups de botte dans le cul. Tandis qu'à Terre-Neuve, ils avaient deux repas par jour, à heure fixe et la paye à la fin du voyage. Pleven disait que ces gars-là faisaient les meilleurs marins. Moi, je parlais avec tous ces jeunes. J'en ai entendu des choses. Et puis les marins, eux, percevaient des retraites. Ce sont même eux qui les ont touchées les premiers. Un droit ancien qui remonte à Colbert.

Pendant tous mes voyages, j'ai eu beaucoup de plaisir. Tous ceux qui me connaissent peuvent le confirmer. Vous êtes soumis à une certaine discipline. Mais c'est celle que vous vous imposez pour les besoins du navire. Des servitudes que l'on accepte pour gagner cette liberté. Pour les petits pêcheurs, c'est pareil. Ce sont des bateaux qui font une journée, qui rentrent tous les jours. Il y a des périodes pour la coquille, d'autres pour la pêche au filet. Certains gagnent très bien leur vie. D'ailleurs on ne les entend jamais se plaindre. D'autres vivotent, constituent parfois péniblement leur retraite. On dit d'eux « vie de canot, vie de linotte ». Mais ils sont propriétaires de leurs bateaux. Ils sortent quand ils veulent. Quand ils veulent rentrer, ils rentrent. Ces gens-là n'auraient jamais voulu faire un autre métier. Jamais ils ne seraient allés travailler dans une usine à terre. Eux, ils sont en mer. Leur vie, c'est d'abord leur canot. C'est avant tout un grand espace de liberté et ce n'est pas donné à tout le monde de faire ce métier.

Les marins et les terriens de toute façon ne se sont jamais compris. Pendant que les uns sillonnent les océans, les autres restent accrochés à leur petit lopin de terre. On n'a pas le droit de désavouer ces hommes qui ont perpétué une histoire longue de cinq siècles. Ce ne sont pas des bagnards, mais des aristocrates de la mer, des personnes fières et courageuses qui n'ont pas encore posé sac à terre. Seule la mer permet d'avoir des responsabilités très jeune. Elle exige plus de talent que d'ancienneté.

83

Les banques se battaient maintenant pour entrer chez nous.

1985, Saint-Malo.

En trois ans, les choses avaient beaucoup changé. Les banques se battaient alors pour entrer chez nous. Mes capitaines avaient bien travaillé, bien pêché. J'étais fier d'eux et comme l'avait fait avant moi Pleven, je leur ai tous remis le mérite maritime. Quand Pleven était content, il aimait bien mettre en avant ses hommes. Un jour, il nous avait fait chercher sur le *Colonel-Pleven*, alors que nous étions en rade de Saint-Malo attendant l'ouverture des écluses. Il voulait que j'assiste avec mon chef mécanicien au dîner du Rotary club, à l'Univers. Personnellement je n'y tenais pas trop. On ne quitte pas son bateau en rade pour aller à un dîner à terre. Mais Pleven était fier de nous. Le pilote est venu nous prendre. Il nous a ensuite ramenés à bord.

Nous avions remonté l'armement. Nous devions fêter ce succès. Cette fois, c'était au restaurant « Le Chalut » que nous allions nous retrouver. Son chef était un ancien pâtissier. On dit qu'un bon cuisinier doit toujours commencer ainsi. Il avait un don pour la préparation du poisson que j'ai rarement vu ailleurs. Le patron est venu nous saluer. Je lui ai rendu sa carte et lui ai demandé : « Alors, qu'est-ce que le chef nous propose aujourd'hui ? »

Il y a des phrases que l'on n'oublie pas. Personne ici n'avait connu Pleven, mais à la « Duchesse Anne », où on allait également pour toutes les grandes occasions, ça les faisait sourire.

Nous avions également un grand événement à célébrer, le lancement prochain du *Grande-Hermine*, notre nouveau chalutier. Comme le bilan de l'année était excellent, on s'est demandé ce qu'on allait faire avec soixante-dix millions de trésorerie. Je ne suis qu'un pêcheur, je ne sais faire que ça. Nous avons décidé de lancer un chalutier.

Pendant longtemps, l'idéal pour un armement était d'avoir au moins quatre chalutiers et de renouveler la flotte avec un nouveau navire tous les quatre ans. Contrairement aux armements allemands qui s'échangeaient les plans entre eux, en France, les armateurs déclinaient leurs bateaux selon les mêmes séries. Si on s'était entendus entre armateurs, on aurait amorti les plans et les bateaux auraient coûté moins cher. Question de tradition ou d'amour-propre, toujours est-il que tout le monde travaillait de son côté. En 1978 quand j'ai pris la suite de Legrand, les navires étaient neufs. L'un venait d'être construit en 1971, les deux autres dataient de 1974. Avec ces trois bateaux récents, ça pouvait attendre.

En 1985, nous étions à la veille de la clôture de l'accord France-Canada, sur l'accès aux eaux de Terre-Neuve. Il nous fallait envisager de ne plus pouvoir y aller. Mais nous savions que nous aurions toujours des quotas de morue en mer de Norvège, au moins pour un chalutier.

L'assemblée générale m'avait suivi. Nous avons choisi de construire un nouveau bateau plus petit, de soixante mètres de long, qui consommerait moins que les autres et surtout qui puisse faire tous les métiers. J'aurais bien aimé l'appeler *L'Audacieux*, en souvenir de mes campagnes à la pêche fraîche à Fécamp, du nom du bateau qui me débarquait après chaque marée. En souvenir de mon oncle qui m'entraînait, jeune adolescent, vers les ruelles à la lanterne rouge. Mais le nom était déjà pris.

84

Nous avons élargi les tuyaux d'évacuation de façon à ce qu'une grosse tête de morue puisse passer.

Le nom de *Grande-Hermine* finalement lui convenait mieux. C'était celui du bateau de la deuxième expédition de Jacques Cartier, parti en 1534 à la découverte du Canada. Une façon comme une autre de rappeler notre histoire.

Le bateau flambant neuf a appareillé. La presse, le bagad, les officiels étaient là. Tous étaient fiers de ce nouveau fleuron de la Grande Pêche. Armé à Saint-Malo, sortant d'un chantier malouin, le nouveau bateau blanc et vert était pavoisé comme au temps des grands pardons. Tous sur les quais savaient que Terre-Neuve risquait de s'arrêter. Avec la SNPL, l'armement de Bordeaux, et Ledun, qui possédait encore le *Dauphin* à Fécamp, nous étions les derniers. Mais devant ce bateau rutilant, sentant le neuf et la peinture fraîche, la foule était respectueuse, confondue. Le *Grande-Hermine,* emblème de la ville, concrétisait toute leur ferveur. Leur refus que l'aventure de l'or blanc se terminât.

Heureusement, tous sont partis avec ces espoirs dans la tête et peu de gens finalement ont connu les ennuis qui ont commencé lors de ce premier voyage. C'est à moins d'une journée de route qu'Auzou, son commandant, m'appelle. J'étais stupéfait : le *Grande-Hermine* roulait d'un bord sur l'autre. En quelques dizaines de secondes, il passait de trente degrés de gîte à tribord à trente degrés de gîte à bâbord. Deux ingénieurs du chantier ont accepté de rejoindre le bateau en mer. Ils ont tellement eu peur qu'ils ne sont pas restés plus de vingt-quatre heures. Ce bateau a été loupé. Le chantier est parti de plans existants pour les modifier en fonction de ce que j'avais demandé. Et on s'est plantés.

Au pont supérieur, il faisait quinze mètres de large et à partir du pont inférieur il n'y avait plus que treize mètres. Il était comme une caisse à savon. Il avait une stabilité qu'aucun navire n'a, ce qui contrairement à ce qu'on peut penser présente un énorme inconvénient. Pour diminuer les mouvements du roulis, les ingénieurs ont proposé de rajouter cinquante tonnes de lest dans un caisson qui suit toute la longueur de la passerelle.

Nous sortions à peine de réunion, que le téléphone de ma voiture a sonné. Ma secrétaire venait d'avoir un nouvel appel d'Auzou. Le *Grande-Hermine* souffrait d'un autre problème. Au moment de virer le chalut, ils ont mis les pompes en route. Sur la passerelle, le capitaine s'est soudain rendu compte que le bateau prenait de la gîte et qu'elle s'accentuait.

Une grosse tête de morue bouchait le tuyau d'évacuation. Il n'était pas assez large

Dans ces cas-là, l'eau ne s'évacue plus. S'il y a un peu de mauvais temps, toute la flotte va du même bord. Vous prenez de la gîte et vous coulez.

Ce navire a été conçu avec un pont presque à hauteur d'eau. Avec quarante centimètres de franc-bord, il faut être sûr des systèmes de pompage. Cette fois je n'ai pas rappelé le chantier. Ce n'était pas la peine de perdre du temps en paperasse et en discussions autour d'un bureau.

Nous avons quadruplé la puissance des pompes d'extraction. Et nous avons élargi les tuyaux d'évacuation de façon à ce qu'une grosse tête de morue puisse passer. À la mer, il ne faut pas grand-chose parfois pour couler un bateau.

85

On cherchait bien des marins,
mais pas des femmes.

Un matin une femme a débarqué dans mon bureau, furieuse.

Il manquait des marins pour l'équipage. Elle s'était pointée sur le quai.

Les hommes s'étaient mis à rigoler. On cherchait bien des marins, mais pas des femmes.

J'étais piégé. Dans ces cas-là, il n'y avait qu'une chose à dire. Que la place était prise. Avec une femme à bord, j'ai toujours redouté le pire.

Les anciennes goélettes portaient presque toutes des noms féminins. *L'Angèle*, la *Reine-des-Anges*. Ensuite, avec les chalutiers modernes, on a donné des noms masculins.

Mais ce n'est pas possible d'embarquer des femmes. Elles savent aussi bien naviguer que les hommes. Mais ça amène souvent des histoires avec les marins. Il vaut mieux éviter. Pratiquement à chaque fois que l'on a essayé, c'était le cirque à bord.

Il paraît que sur les grands chalutiers russes, ça se passait toujours très bien, mais ils avaient un commissaire du peuple qui régentait tout, avec une discipline de fer. Les Allemands de l'Est ont essayé eux aussi et ça marchait à peu près. Ils fonctionnaient comme les Russes. Chez les Hollandais, il n'y avait aucun problème. Mais les chez les Polonais, ça a été une catastrophe. En revanche, à bord des bateaux danois tout se déroulait très bien parce qu'elles embarquaient avec leur copain.

Il est difficile de faire travailler des hommes et des femmes sur un bateau. C'est de la dynamite. Celles qui se montraient le moins favorables à cette option étaient les épouses des marins. Elles ne voyaient pas ça d'un bon œil. Et c'est vrai que beaucoup de capitaines qui ont tenté l'expérience ont rencontré des problèmes. Il est certain que lorsque vous êtes responsable d'un grand bateau comme ça, il vaut mieux montrer l'exemple. Ce n'est vraiment pas l'endroit pour vous distraire. Pour faire des virées, vous avez les escales. Là, vous faites ce que vous voulez.

Finalement, nous avions embauché cette jeune femme qui s'était pointée sur le quai. Céline Ferrié a embarqué en tant qu'officier mécanicien, puis elle est passée au pont. Une vraie bosseuse, très compétente, qui valait, d'ailleurs, bien mieux que certains hommes. Il y a une autre femme qui, pendant des dizaines d'années, a embarqué sur des chalutiers. Mais, elle, c'était différent. Anita Conty était écrivain journaliste. Elle n'a jamais posé sac à terre. C'était une chercheuse, une scientifique, tout à la fois océanographe et poète. Elle a consacré sa vie au monde de la pêche. On l'appelait « la grande dame de la mer ». J'ai lu tous ses livres, ils sont vraiment bons. Les hommes qu'elle a photographiés, je les ai pratiquement tous connus. Quand on lui demandait ce qu'elle pensait de *Pêcheurs d'Islande*, le livre de Pierre Loti, elle répondait que c'était un « roman d'amour pour tenir les femmes dans l'innocence, moi je ne fais pas de littérature, j'écris sur les navires, debout dans la mer ».

Je ne l'ai pas connue personnellement. Je n'ai jamais navigué avec elle. Mais j'ai eu un officier radio qui l'avait rencontrée. C'était sur le *Bois-Rosé*. À l'époque, le capitaine était le frère de Jean Recher. Nous, les capitaines, nous sommes toujours pris et peu disponibles. Nous n'avons pas le temps de nous occuper d'un passager. Ce qui n'est pas le cas du radio. Il est dans sa cabine. Il n'a pas à surveiller ce qui se passe dehors. Il était très ami avec elle et ils étaient beaucoup ensemble. J'ai gardé pendant très longtemps des contacts avec lui. C'était un brave homme, très respectueux. Il avait au moins vingt ans de plus que moi et nous nous sommes écrits tous les ans. Je savais que le jour où je ne recevrais plus de lettres, c'est qu'il aurait disparu.

Anita Conty s'était créé un noyau de relations intimes, surtout à Fécamp. Elle a cru qu'elle pourrait y être reçue et y finir ses jours. Pour elle, tous ces marins étaient devenus comme des membres de sa famille. Elle s'entendait bien avec tous les capitaines, mais aussi avec les équipages. Elle a cru qu'il suffirait de se présenter et que tous l'accueilleraient. C'était sans compter que les familles de marins étaient vieillissantes. Ça ne s'est pas du tout passé comme elle le pensait. Finalement, elle est partie finir sa vie en Bretagne. Elle est morte à Douarnenez un soir de tempête.

86

Notre seule chance était de préserver nos zones de pêche dans le secteur de Saint-Pierre.

Novembre 1986, Saint-Malo.

Le cliquetis du fax s'est arrêté, mais le document officiel était là, sur mon bureau. Tout autour, le monde avait disparu, seul restait ce papier. Je le lisais et le relisais. En haut à gauche, arrogant, le cachet de la direction des Pêches. Je n'arrivais pas à en décrocher les yeux. Nous venions de sortir de l'impasse d'un dépôt de bilan et tout était à recommencer. On nous retirait nos droits ancestraux dans les eaux de Terre-Neuve. Des droits qui remontaient à plus de cinq siècles.

J'avais beau relire le fax, rien n'y changeait. Les chiffres que l'on craignait le plus étaient définitivement écrits. Les Canadiens nous accordaient des quotas de misère. Pour l'année 1987 et l'ensemble de la Communauté européenne, nous avions droit à mille cinq cent quarante-cinq tonnes de cabillaud et à dix mille tonnes de flétan noir au nord du Labrador à nous partager. Nous passions de quinze mille à mille cinq cent quarante-cinq tonnes. Nous ne pouvions l'accepter.

La France avait laissé les Canadiens maîtres du jeu pendant trop longtemps. Elle avait reculé dès le XVIIIe siècle en acceptant un accès au large de Terre-Neuve. Un accès qu'elle laissa perdre en 1904. Depuis 1972, nous ne pouvions pas pêcher dans le golfe du Saint-Laurent et en 1977, le Canada avait porté sa compétence sur les eaux côtières jusqu'à deux cents milles nautiques. Cette « zone économique exclusive » englobait du même coup la plus grande partie des meilleures zones de pêche de la côte est. Dès lors, les Canadiens ont commencé à réduire les quotas français.

En 1982, la conférence de Montego Bay n'arrangea rien, la largeur des eaux territoriales du Canada était passée de six à douze milles. Dès lors, le Canada et la France se sont trouvés en désaccord sur la délimitation entre la zone économique exclusive canadienne et la zone économique exclusive française au large de Saint-Pierre-et-Miquelon.

Notre seule chance était de préserver nos zones de pêche dans ce secteur français des eaux de Saint-Pierre. Il était prévu que ce problème d'interprétation territoriale serait tranché par un tribunal d'arbitrage qui devrait siéger en 1992. Mais dans l'attente de cet arbitrage, nous étions soumis à la volonté canadienne.

87

Ils revenaient à bord, mais armés cette fois.

Mars 1987, Ottawa.

Nous avons décollé d'Ottawa. J'apercevais sous l'avion les côtes de Terre-Neuve. La voix du commandant de bord, le steward souriant. Je n'avais qu'une pensée. Nous avions bel et bien été roulés.

En tant qu'ancien capitaine, j'étais invité comme observateur aux différentes réunions canadiennes qui accordaient les quotas pour l'année. Juste le droit d'écouter, de regarder, de ruminer.

La mer sur laquelle depuis des générations nous avions travaillé défilait devant moi. Mais je ne voyais qu'une chose, le déroulé de cette lamentable réunion, où siégeait le meilleur du monde de la pêche outre-Atlantique : les représentants des pêcheries canadiennes. Et particulièrement deux nouveaux dirigeants de grandes sociétés soutenues par le gouvernement canadien. Ils souhaitaient baisser les quotas de prise de morue pour sauvegarder la ressource. Mais leurs arguments étaient loin de nous convaincre.

Ces décisions n'étaient rien d'autre que des mesures protectionnistes en vue de privilégier leurs ressortissants. Et les faits nous donnaient raison.

Lorsqu'en 1977, la compétence du Canada sur les eaux côtières fut portée de douze à deux cents milles, les pêcheries canadiennes, misant sur l'exclusion des bateaux étrangers de leurs eaux territoriales, s'endettèrent lourdement afin de moderniser la pêche hauturière.

Cependant en 1981, à cause de l'accumulation des produits congelés et d'un dollar canadien fort, cette industrie s'est mise à décliner. Ils ont fait appel aux aides de l'État. En 1982, suite au rapport Kirby, le gouvernement fédéral se mit à soutenir la restructuration des grosses entreprises de pêche au détriment des pêcheurs locaux. Et, dans le même temps, augmenta considérablement les quotas de capture de cabillaud pour ses nationaux. Le Canada alors devenu le premier exportateur mondial de morue.

Nos intérêts étaient évidemment concurrents. On cherchait juste à nous expulser des eaux canadiennes. Et ces armateurs qui étaient des gens très durs en affaires se tenaient les coudes.

Nous, nous souhaitions que l'État français parvienne à faire respecter le quota historique de quinze mille tonnes de cabillaud. La seule raison qui pouvait contrecarrer cette décision était l'état de la ressource. Or, selon les scientifiques, la prise totale admissible s'élevait alors encore à cinquante mille tonnes par an. Nous voulions laisser la plus grande part aux Saint-Pierrais et garder douze mille tonnes pour la métropole.

Mais nous savions que tout serait difficile. Dès lors qu'apparaissent des problèmes de délimitation des eaux territoriales, les relations avec les pays deviennent très tendues.

Quelques années auparavant, j'en avais déjà eu un aperçu avec les Danois à l'approche de l'indépendance du Groenland. Le *Victor-Pleven* avait été arraisonné dans le détroit de Davis par des garde-côtes danois. Ils avaient trouvé cinq tonnes d'excédents entre la quantité livrée et celle déclarée. Avec certains pays, l'erreur tolérée est de 5 à 10 %. Mais là, ils ont demandé au capitaine de payer l'amende sur-le-champ. J'ai accepté de verser la caution le lundi, car on était vendredi. Le samedi, ils revenaient à bord. Mais armés cette fois. Ils ont emmené de façon arbitraire le chalutier au port de

Holsteinberg. J'ai appelé la direction des Pêches pour qu'elle prenne l'affaire en main. C'était la première fois que je voyais un commandant garde-côte fixer lui-même le montant d'une amende et procéder ainsi sous la menace d'un revolver.

En 1987, les relations étaient déjà tendues entre le Canada et la Communauté européenne. À ce jeu de dupes, nous n'avions aucune chance de nous faire entendre.

88

Nous avions éteint les feux de signalisation du chalutier et seulement laissé ceux utilisés par les cargos.

La guerre de la morue était déclarée. Les Français, les Anglais, les Espagnols et les Portugais ont décidé de transgresser.

Depuis que les Canadiens nous repoussaient de nos eaux, c'était devenu un des exercices préférés pour quelques-uns d'entre nous.

Un jour à bord du *Victor-Pleven*, nous avions décidé d'entrer dans la zone interdite. À l'époque, je commandais encore et ils n'étaient pas trop vigilants. On les voyait arriver de loin. Nous étions tout près de Port-aux-Basques, le port d'attache des garde-côtes. La banquise s'étendait un peu partout. Avec mon second, nous avions tout préparé. Nous avions éteint les feux de signalisation du chalutier et seulement laissé ceux utilisés par les cargos.

Même les copains qui nous ont croisés ne nous ont pas reconnus. On passait devant les garde-côtes, tout en laissant filer le chalut. Ce jour-là, nous avons pêché deux cents tonnes en douze heures et nous sommes partis. Nous avons mis deux jours à travailler le poisson.

Le jeu était simple.

En tant qu'armateur, cette fois c'est moi qui dirigeais les opérations de mon bureau. Avec toutes ses cartes, il commençait à ressembler étrangement à la passerelle d'un bateau. J'allais diriger mes officiers de cet état-major. Je leur avais à tous fait faire des tenues quatre galons. Je savais qu'elles provoqueraient leur effet à la première escale. J'avais eu cette idée afin de montrer surtout aux Anglais que l'on devait nous respecter, nous parler d'égal à égal. Les garde-côtes étrangers en uniforme n'étaient plus en train de se demander, quand ils venaient à bord, qui, parmi les hommes était le capitaine. Nous étions enfin reconnus comme des officiers français commandant un chalutier français.

En février-mars, le poisson évolue en grande quantité dans une zone du 3PS qui nous était interdite. Nos bateaux naviguaient en bordure traînant sans succès leur chalut dans un secteur qui nous était réservé. Alors quc nous savions que juste à côté, en limite de plateau, se trouvaient des bancs entiers.

Je surveillais les manœuvres de mes capitaines. Il suffisait, l'air de rien, de laisser filer du câble. Je ne leur demandais qu'un seul passage et les faisais virer dans l'autre zone en les mettant à l'abri dans les eaux françaises. Il n'y avait jamais plus d'un chalutier à la fois.

Quand l'un avait fini, il passait un message codé à l'autre, qui se mettait en position. Il fallait faire attention aux avions. Mais je connaissais leurs heures. Du côté des radars, on ne risquait rien. Ils ne portaient pas à plus de cinquante milles. On n'a jamais vu un garde-côte.

Par la suite, ce n'était plus possible, il y avait à bord un observateur canadien qui avait la charge de nous surveiller. Lorsqu'on arrivait à Saint-Jean de Terre-Neuve, nous devions prévenir la direction des pêches d'Ottawa pour le récupérer. Il était là, à chaque coup de chalut. Il allait ensuite vérifier dans la cale. Puis il transmettait par code son rapport. Un jour, le radio a détecté une anomalie. Certains mots de son message avaient changé. On allait avoir des ennuis, c'était sûr. La déclaration du capitaine n'était pas en concordance.

Nous ne pouvions plus transgresser.

89

Nous, pêcheurs transatlantiques,
nous ne faisions rêver personne.

Août 1988, Saint-Malo.

Sur le môle et les remparts de Saint-Malo, une foule opaque. Des milliers de spectateurs attendaient l'arrivée de la course Québec-Saint-Malo. Unc course transatlantique en souvenir de liens ancestraux entre le Canada et la France, où s'inscrivent les meilleurs skippers. L'approche de Serge Madec sur multicoque et de Titouan Lamazou sur monocoque était annoncée. Chacun rêvait devant ces nouveaux héros de l'océan, et tous voulaient assister au sprint final.

Nous, pêcheurs transatlantiques, nous ne faisions rêver personne. Nous avons attendu la remise des prix au casino de Saint-Malo pour arriver avec nos banderoles. La CFDT, la CGT, le Comité de la Grande Pêche Française, ainsi que les différents armateurs se sont tous mobilisés. La célébration de ce lointain cousinage nous semblait quelque peu déplacée. Des centaines de journalistes étaient présents. Chacun y allait de ses questions. L'opinion publique a quitté les skippers pour nous suivre. Et tout le monde était pour une fois d'accord.

Faute de réponse à nos demandes de quotas et de territoire de pêche, depuis le début de l'année, nos bateaux naviguaient dans des mers où il n'y avait pas de poisson. Nous ne pouvions faire travaillcr quc dcux chalutiers sur les quatre. En 1987, le *Joseph-Roty* était resté pendant dix mois à quai. Nous avions annoncé la suppression inévitable d'une cinquantaine d'emplois et la mise en place d'un plan social avec les syndicats. Un emploi en mer, créant une moyenne de quatre emplois à terre, pour l'entretien, le déchargement, le transport et la distribution du poisson, le licenciement des marins entraînait de nombreux autres licenciements. Le dernier armement de Bordeaux, la SNPL, annonçait de son côté le même bilan avec un plan social touchant cent vingt marins, dont quatre-vingt-dix Malouins. Les Ateliers de la Manche, eux, licenciaient deux cent dix personnes dans le bassin de Saint-Malo.

Les femmes de marins de la région étaient allées manifester à Paris. Elles étaient plus de deux cents à défiler sur l'esplanade des Invalides, avec cornes de brume, banderoles et couronnes mortuaires, en souvenir des hommes morts sur les bancs depuis plus de cinq siècles.

Mais la sentence était tombée. Pour cause de surpêche dans le 3PS, le ministre canadien des Pêches annonçait qu'il n'y aurait pas de renégociations de quotas.

La seule assurance était la nomination d'un médiateur entre les deux pays. Il devrait déterminer les conditions dans lesquelles le Tribunal d'arbitrage international allait délimiter les espaces maritimes entre les deux pays. À l'issue de ces palabres, nous devions enfin connaître les dimensions que l'on voulait bien accorder aux eaux territoriales de Saint-

Pierre. Territoire sur lequel on venait de découvrir des gisements d'hydrocarbures et qui décidément devenait très convoité. Tout au moins par les Canadiens.

90

> Capitaine c'est un vrai titre, armateur cela ne veut pas dire grand-chose.

Septembre 1988.

Peu après cette affaire, j'ai reçu un coup de téléphone à mon bureau. C'était Jacques Huret, le président de l'Union des Armateurs à la Pêche de France.

« Comme vous le savez, je souhaite partir et je voudrais que ce soit vous qui me remplaciez à la tête de l'Union. Je vous connais depuis quelques années, maintenant. Mais il me faut votre accord. »

C'était quand même quelqu'un. Il était resté plus de vingt ans à la présidence et avait grandement contribué avec Bruxelles à construire l'Europe Bleue.

Les temps avaient changé. Huret me proposait maintenant de prendre la présidence. Mais je voulais quand même en savoir plus, réfléchir. En fait, il ne voulait en aucun cas que ce soit un armateur de Boulogne qui prenne sa place. Ils lui en avaient fait trop baver.

Ces postes sont plus honorifiques qu'autre chose et je ne voulais pas que ce fût au détriment de nos propres affaires. Et puis je commençais à les connaître un peu tous. Il n'était pas sûr qu'avec ces gens-là on puisse aller loin.

La solidarité entre marins n'est pas un vain mot. Mais chez les armateurs à la Grande Pêche, c'est chacun pour soi. Je m'en étais rendu compte du temps où j'étais capitaine, mais j'ai quand même été très étonné quand je les ai vus de plus près. Un jour, alors que se déroulait l'assemblée générale des armateurs à la Grande Pêche, à la Chambre de commerce de Boulogne, ils se sont tous mis à s'engueuler. J'avais honte pour eux. Heureusement que leurs marins ne les voyaient pas.

Lorsqu'ils faisaient des arrangements entre eux, à chaque fois c'était un marché de dupes. Si les navigants raisonnaient comme eux, il y a bien longtemps qu'ils ne seraient plus armateurs.

Quand je croise des gens qui ont navigué avec moi, beaucoup m'appellent encore capitaine. Capitaine, c'est un vrai titre. Armateur, cela ne veut pas dire grand-chose.

Finalement j'ai accepté, mais à la condition que le vote se fasse à main levée et que j'obtienne une majorité absolue.

« S'il y en a un qui vote contre, je n'accepterai pas. Je veux que tout le monde me fasse confiance ou alors, vous choisirez quelqu'un d'autre et je veux qu'on fixe dès maintenant la durée du mandat du président. »

Je ne voulais pas garder la présidence plus de deux ans. Lui était resté vingt et un ou vingt-deux ans et il passait plus de temps dans les ministères que dans sa société. Son armement de pêche à Boulogne en avait d'ailleurs beaucoup souffert.

En acceptant ce poste, je ne me faisais pas beaucoup d'illusions sur les autres armateurs, mais je me suis dit que j'aurais certainement plus de chance de me faire entendre et de défendre l'avenir de la Grande Pêche en haut lieu.

9[1]

Ils l'enlevaient à la pelle, remplissaient de grands paniers qui étaient hissés avec un cabestan pour les envoyer sur le quai.

1988, Saint-Malo.

Nous étions inquiets. L'avenir qui se profilait à l'horizon n'annonçait rien de bon. En attendant que l'on veuille bien nous dire où on avait le droit de pêcher, il nous fallait tenir. Heureusement, nous avions de fortes réserves financières. Il fallait les employer à nous diversifier, à assurer nos arrières.

En me promenant sur les quais, j'avais remarqué que les marins de pêche fraîche travaillaient encore selon des méthodes ancestrales. Celles que j'avais vues pendant toute mon enfance sur le port de Fécamp. En chargeant, ils alternaient une couche de glace, une couche de poisson, sur des épaisseurs d'environ cinquante centimètres. Quand ils déchargeaient, ils enlevaient le poisson à la pelle, remplissaient des paniers qui étaient hissés avec un cabestan pour les envoyer sur le quai. Puis ils les versaient sur de grandes tables, où les personnes attachées au tri le classaient par espèce et par catégorie de taille. Mais il faut savoir que le poisson frais perd une journée de fraîcheur, à chaque fois qu'on le manipule. Je me suis dit que l'on pouvait faire mieux.

Nous avons imaginé de nous diversifier dans cette activité en créant l'armement Nord-Bretagne, nouvelle filiale basée à Saint-Malo, destinée à la pêche fraîche. Nous voulions trier le poisson directement à bord par caissettes de dix à quinze kilos. Et ainsi maintenir la qualité. Il était prévu que les navires débarquent les caisses tous les cinq à sept jours, soit au Pays de Galles, soit à Roscoff, avec rapatriement à Saint-Malo par camion réfrigéré.

Grâce à notre trésorerie, nous avons pu lancer une flottille de trois chalutiers, chacun de vingt-cinq mètres, en nous disant que si tout allait bien on passerait à six.

Mais il fallait également envisager de se diversifier dans d'autres activités. En comptant les territoires d'outre-mer, la France possède une très grande surface maritime. Mais seuls les fonds de Saint-Pierre et de Guyane peuvent être travaillés. Partout ailleurs, les côtes sont entourées de massifs coralliens. Elles sont absolument impraticables. Saint-Pierre, nous connaissions. La Guyane, il fallait qu'on aille voir.

92

Ce pays pouvait peut-être devenir le pays de l'or rose.

1988, Cayenne.

À notre descente d'avion, un air chaud et moite, des cris d'oiseaux nous ont accueillis. À Cayenne, la jungle n'est pas loin.

Charles Dupuis, qui allait diriger le futur armement et André Touzé, qui depuis la création de la Comapêche était le conseiller financier de la société, m'accompagnaient. Nous venions rencontrer des pêcheries locales qui recherchaient des associés. Selon les banquiers qui nous avaient approchés, l'affaire semblait intéressante. Mais une autre moiteur me revenait en mémoire, celle du port d'Abidjan et de ses ennuis. Un vague pressentiment.

Avant de voir nos interlocuteurs, je souhaitais me faire ma propre idée du pays.

Les Français s'y étaient installés au XVIIe siècle. Au fil du temps, les planteurs de cannes à sucre, l'administration pénitentiaire et la ruée vers l'or s'étaient succédé. Depuis la création du centre spatial de Kourou, la ville s'était dotée d'un port international et d'un aéroport, mais elle continuait de ressembler à un gros village dont l'activité principale semblait être la pêche à la crevette. C'est plus loin dans la forêt, où vivaient les chercheurs d'or, que l'on m'avait conseillé de pousser.

En guise de chercheurs d'or, j'ai rencontré les Mongs qui y vivent. À Cacao, nous nous sommes arrêtés pour déjeuner dans un restaurant. Un couple s'est assis à côté de nous. On a longuement parlé. C'étaient des Laotiens des hauts plateaux. Ils vivaient dans un pays magnifique, avaient été déportés à Paris. Puis on leur avait proposé la Guyane. Ils se sont retrouvés en pleine jungle, avec tout à reconstruire. On leur a donné un terrain vierge, à flanc de colline avec une rivière en contrebas. Ils ont tout défriché, tout planté. Ils ont lutté contre la jungle qui chaque année reprenait ses droits. Ce sont les Mongs qui nourrissent aujourd'hui une partie de la Guyane et qui ravitaillent le marché de Cayenne. Leur histoire m'a plu. Ce pays pouvait peut-être devenir celui de l'or rose, de la pêche à la crevette.

La rencontre avec les pêcheries locales a été moins convaincante. Il s'est avéré que si nous avions des difficultés d'accès à la ressource, eux avaient surtout des difficultés de trésorerie. On ne s'est pas associés avec eux.

Mais on a décidé de créer Unifipêche, une filiale crevette basée en Guyane bénéficiant de la défiscalisation.

Pour s'installer convenablement, nous savions qu'il nous fallait une véritable flottille. Nous avions l'autorisation pour cinq bateaux, nous en voulions cinq de plus. Le gouvernement nous a accordé les licences de pêche nécessaires.

Pour gagner du temps nous avons fait construire les navires aux États-Unis. En travaillant avec les chantiers français, nous aurions bénéficié de subventions. Mais il nous aurait fallu attendre des années pour le déblocage des fonds et comme les chantiers français étaient 40 % plus chers, cela ne nous avançait à rien. À l'époque il n'y avait pas libération des changes, nous devions avoir l'aval du gouvernement. Il a donné son accord.

Mais entre notre refus de s'associer avec les armateurs locaux et notre armée de chalutiers blanc et vert, notre arrivée n'a pas été bien vue par tout le monde.

93

Je le ferai parce que je suis d'abord un marin.

Janvier 1989, Paris.

La voiture s'engageait dans la rue des Mathurins. J'allais présider l'assemblée générale de l'Union des armateurs de France. Nous devions nous entendre pour que la France fasse respecter le quota habituel et conserver les limites maritimes des eaux de Saint-Pierre. Si le Canada revendiquait ses eaux territoriales, il n'y avait aucune raison que nous ne le fassions pas également.

Malheureusement, les choses ont tourné court. Je venais de commencer à parler et je me suis fait immédiatement attaquer par l'armateur de Bordeaux. Selon lui, seuls les armateurs de Saint-Pierre devaient pouvoir continuer à pêcher. La réunion a pris un tour houleux. Cet armement était en train de liquider les bateaux de Bordeaux pour investir à Saint-Pierre dans l'armement Interpêche. Je me suis levé : « Personne n'aidera ici la Grande Pêche. Je le ferai parce que je suis d'abord un marin. »

Ledun possédait encore un bateau à Fécamp. Il a pris ma défense. L'assemblée a été suspendue. Ce n'était pas avec ces armateurs que l'on pouvait discuter.

On nous attendait le lendemain place de Fontenoy. Dans le couloir, huit hommes en costumes marchaient aux côtés du haut fonctionnaire. Les pas se rapprochaient. Chacun s'est salué d'un air mesuré, a pris place autour de la table ovale du bureau aux murs lambrissés.

Nous n'étions que deux à parler, les autres écoutaient.

Les faits étaient clairs. Les mille cinq cent quarante-cinq tonnes annoncées fin 1986 s'étaient résumées à mille tonnes de cabillaud sur le banc de Terre-Neuve au lieu des douze mille demandées. Même le banc de Saint-Pierre nous était controversé. Nous avions juste le droit d'exploiter le flétan noir dans les glaces. Le marché de ce poisson était très réduit en France. De plus, on devait le chaluter dans une région investie par la banquise plus de la moitié de l'année, par sept cents mètres de fonds, en général très accidenté. Cette pêche imposait que l'on fasse de gros investissements dans les machines. Les Allemands avaient essayé et rapidement abandonné.

La réunion s'est terminée. Nouvelles poignées de main. Ledun et moi nous retrouvions dans le couloir, étonnés du ton serein de ces bureaux. Cependant, rien n'avait avancé. Au cours du déjeuner frugal qui a suivi, nous étions moroses.

Ledun me parlait des fêtes terribles que les armateurs de Fécamp faisaient autrefois entre eux à Paris. On disait qu'avec leur casquette de Fécamp et leur pardessus, on les voyait arriver de loin. Lorsque j'étais jeune capitaine, je les avais croisés un jour alors qu'ils remontaient la rue du port. Ils avaient décidé de raccompagner l'un des leurs, plus très sûr de la route. Ils chantaient, rigolaient, se soutenaient les uns les autres par les épaules. Quand ils sont arrivés devant sa maison, la lumière à l'étage s'est allumée. L'homme s'est effondré sur le seuil en continuant à chanter. Ils ont sonné et sont partis en courant. Sa femme était très grande, une maîtresse femme. Elle a ouvert la porte, s'est mise à crier contre son mari. Les autres, cachés au coin de la rue, se marraient comme des enfants.

Mais l'époque avait changé. Ces armateurs étaient d'anciens marins. Ils savaient s'amuser. J'étais un ancien capitaine, mais le dernier parmi eux.

Cependant, je restais songeur. En sortant du bureau de la place Fontenoy, un des hauts fonctionnaires m'avait rejoint et, un peu à l'écart, m'avait soufflé : « Leborgne, si vous voulez obtenir quelque chose, il faut taper haut et fort. »

94

On en arrivait à la guerre de course, les marins étaient tous prêts à donner l'assaut.

Janvier 1989, Saint-Malo.

Les quotas tardaient à arriver. Je tournais en rond entre les quais et les bureaux. J'attendais un appel quelconque de Paris ou d'ailleurs. Rien ne venait. Un beau jour, j'ai pris ma décision. Avec ou sans autorisation, le *Grande-Hermine* et le *Joseph-Roty* prendraient la mer pour le 3PS, la zone de pêche la plus prolifique à proximité de Saint-Pierre-et-Miquelon. Janvier-février correspondait à la meilleure période de pêche. Il faut être là quand la morue y est.

Le 10 janvier, les deux bateaux appareillaient. Lorsqu'ils sont arrivés sur les bancs, une dizaine de chalutiers canadiens étaient en train de pêcher. Ceux-là, personne n'en parlait.

Mais en voyant approcher les bateaux vert et blanc de Saint-Malo, les Saint-Pierrais se sont complètement affolés. Ils ont demandé au gouvernement que la pêche dans le 3PS leur soit exclusivement attribuée. En attendant de savoir si ces eaux appartenaient à la France ou au Canada, eux avaient décidé de leur côté qu'ils en étaient les seuls propriétaires. Si nous ne prenions garde, les Canadiens allaient réussir à déplacer le problème sur une guerre franco-française.

En réponse, nos chalutiers ont continué de faire route.

L'État n'était pas très à l'aise. Paris a reparlé des propositions sur les aménagements portuaires et les investissements envisagés pour la mise en place d'un atelier de réparations navales. Mais les Saint-Pierrais ne se sont pas laissé séduire aussi facilement. Il n'y avait qu'un mot d'ordre : « virer la Comapêche », et Paris malheureusement n'a pas joué de diplomatie. Le nouveau préfet qui devait arriver a reporté son voyage sur l'île de peur de se retrouver à la « baille ». En prévision d'affrontements, le gouvernement a envoyé deux Transall de gardes mobiles. Le premier s'est fait encercler par les manifestants, le deuxième a été obligé de se dérouter sur Saint-Jean de Terre-Neuve. Les Canadiens, eux, se marraient. Les émeutes sur l'île ont continué. Un remorqueur de la Marine nationale s'est fait bombarder de têtes de morues. Nous étions en train de nous partager les restes. Ce qu'attendaient les Canadiens.

Mes marins ont fait savoir qu'ils ne se plieraient à aucune injonction. Les Saint-Pierrais ont alors fait entrer le chalutier *Croix-de-Lorraine* afin d'être prêts à l'affrontement. On allait à la guerre de course.

L'escalade politique a commencé. Saint-Malo s'en est mêlé, le Canada a surenchéri. Ottawa a accusé Paris d'attribuer des quotas excessifs aux métropolitains et aux Saint-Pierrais. La guerre franco-canadienne se transformait en guerre franco-française.

Le 18 janvier, en sortant de Matignon, j'ai annoncé lors de la conférence de presse que nos bateaux ne sortiraient pas de la zone à cause de quelques excités.

Mais deux jours plus tard, Matignon m'a demandé de sortir du 3PS. Le gouvernement me menaçait de bloquer tous les dossiers en cours de demande de diversification, notamment en Guyane.

Le *Grande-Hermine* est rentré à Boston. Une semaine plus tard, la sentence est tombée. Exclusivité aux Saint-Pierrais sur le 3PS. Il n'y avait pas la place pour d'autres armements. J'ai décidé de faire immédiatement appareiller le *Grande-Hermine* pour les bancs. Si le bateau devait quitter la zone, ce serait sous la force et la responsabilité du gouvernement. S'il fallait jouer les corsaires, on irait à l'abordage. Comment vouliez-vous que l'on négocie après avec les Canadiens, si on se sabordait soi-même. Ils auraient beau jeu de reprendre nos arguments et de baisser encore les quotas.

Pour soutenir l'action de l'équipage du *Grande-Hermine*, a démarré à Saint-Malo une grève de la faim. Cinq femmes et un marin se sont installés dans une salle prêtée par le maire de Saint-Malo.

Nous avons décidé de monter à l'assaut des Affaires maritimes, de la préfecture de Saint-Malo, et de bloquer les écluses du port. Les Saint-Pierrais nous avaient tracé la voie. Manifestement il n'y avait que ce moyen pour se faire entendre des politiques.

Des centaines de personnes ont manifesté avec nous dans les rues de l'intra-muros. Les politiques en profitaient pour préparer leur campagne. Les municipales n'étaient pas loin. Pendant que certains montaient à l'assaut des ministères, d'autres faisaient imprimer les affiches ou appelaient à la manifestation. Il s'agissait de défendre les couleurs locales. Même nos fournisseurs proposaient de nous aider en envoyant des camions pour bloquer la ville.

Quant aux écluses, notre plan était d'occuper le poste de commandes, afin d'empêcher toute entrée et sortie du port. On avait tenu un vrai conseil de guerre. En fait, quand les gars de chez nous se sont présentés au poste de commandes, le responsable est tout de suite parti, a laissé sa place. Après avoir refermé les portes blindées, mes hommes étaient indélogeables.

Aux Affaires maritimes, tout le monde était avec nous. Le personnel nous donnait les vieux dossiers que l'on balançait par les fenêtres.

Tout s'est réglé très vite. Des navires de guerre allemands se trouvaient dans le port, or, on doit toujours leur laisser la libre circulation et ce quelle que soit la situation. L'ambassade d'Allemagne est intervenue. En vingt-quatre heures, le problème était résolu. Matignon nous proposait un accès dans le 3PS et le 2J3KL. Nous pouvions arrêter de nous battre.

Le 6 février, le retour du *Grande-Hermine* a été triomphal. Les bateaux dans le port étaient pavoisés comme un jour de grand pardon. La presse, la télé, le bagad, les élus se bousculaient sur la coupée pour être les premiers à bord. Cette fois-ci la Sainte-Ouine fêtait un retour de héros.

95

Cette pâte surgelée qui sortait des cales du bateau, pour eux, ce n'était pas du poisson.

Juin 1989.

Malgré cette victoire, il nous fallait rester prudents. Les relations avec le Canada et Saint-Pierre-et-Miquelon devenaient de plus en plus compliquées. Quant à la pêche fraîche et la crevette de Guyane, tout était très fragile. Nous devions continuer à chercher à nous diversifier et pour ça donner du temps au temps.

Depuis quelques années, les Japonais avaient inventé un nouveau produit, le surimi. Ils étaient les seuls à connaître le procédé de fabrication à base de merlan bleu. Mais l'Ifremer venait de mettre au point un nouveau processus.

Le merlan bleu était une ressource qui nous était bien connue, nous avions déjà tenté de l'exploiter sous forme de « filets papillons ». Elle avait l'avantage d'être abondante à condition bien sûr qu'elle ne soit pas exploitée n'importe comment.

En juin, nous avons lancé notre première campagne expérimentale. Les résultats techniques étaient encourageants. Mais, le jour où dans les cales du *Capitaine-Pleven* on a embarqué du sucre à la place du sel, les marins ont pris ça pour une punition. Et puis cette pâte surgelée, qui sortait des cales du bateau, pour eux ce n'était pas du poisson.

96

Lorsque l'armateur espagnol a aussi racheté les frigos, certaines personnes se sont demandé si elles avaient joué la bonne carte.

Octobre 1990, Saint-Malo.

La guerre avec les Saint-Pierrais recommençait.

En application des accords de Matignon, nous attendions depuis le mois de mai deux licences de pêche pour le *Grande-Hermine* et le *Joseph-Roty* qui devaient partir dans le 3PS.

Les accords de Matignon de janvier 1989 nous accordaient un accès dans le 3PS, avec priorité aux îliens, et un accès dans le 2J3KL. Mais, sans nous en informer, le gouvernement avait accordé 40 % des quotas de cabillaud dans le 2J3KL aux Saint-Pierrais, sans contrepartie pour les pêcheurs de la métropole. De plus, il semblait que les Saint-Pierrais n'avaient pas la même interprétation des accords. Notre accès dans le 3PS était contesté.

Quand je dis que la guerre avec les Saint-Pierrais recommençait, il serait plus juste de dire avec les Espagnols. En effet, lorsque la SNPL, l'armement bordelais avait liquidé son armement métropolitain, il était devenu l'actionnaire principal d'Interpêche, un des deux armements à la Grande Pêche de Saint-Pierre. Mais il venait de se faire reprendre par le plus gros armateur espagnol.

C'était un beau coup. Cet armateur bénéficiait ainsi d'une base avancée dans le golfe du Saint-Laurent. Il récupérait les subventions françaises qu'avait touchées la SNPL et les quotas de pêche de Saint-Pierre-et-Miquelon.

Nous, on nous avait proposé de racheter le passif de l'autre armement, la Miquelonaise. Mais lorsque nous avons proposé un dépôt de bilan, avec ensuite un redressement de 3 à 4 millions de francs par an avec un accès dans le 3PS, on nous l'a refusé. En 1990, la société avait coulé.

Mais lorsque l'armateur espagnol a également racheté les frigos du port, certaines personnes se sont quand même demandé si elles avaient joué la bonne carte. Nous venions d'investir beaucoup d'argent en Guyane. Nous avions embauché des pêcheurs locaux. Ce qu'on avait fait là-bas, on pouvait le faire à Saint-Pierre.

97

J'étais à la barre et les télex pouvaient bien tomber.

Octobre 1990, banc de Saint-Pierre-et-Miquelon.

Comme en 1989, nous n'allions pas attendre indéfiniment. Ce refus de licence était illégal, nous avons saisi le tribunal administratif. Mais en attendant, j'ai aussi décidé d'envoyer mes bateaux dans le 3PS.

Cette fois, je prendrais moi-même le commandement du *Joseph-Roty*. Et, pour éviter que l'administration ne sanctionne mes capitaines, un commandant à la retraite serait à la barre du *Grande-Hermine*.

Le soir à la maison, nous préparions notre offensive. Nous avions passé la visite médicale. Tout était en règle. Rien ne pouvait nous interdire d'aller là où l'on voulait aller. Personne ne nous arrêterait sur zone. Nous avons pris l'avion pour le Canada, puis rejoint les bateaux en mer et procédé au changement de capitaine.

Le 26 octobre au matin, à la barre du *Joseph-Roty*, je me suis engagé dans le 3PS. Le *Grande-Hermine* me suivait de près.

La mer était belle, le reflet du soleil, l'horizon dégagé. Le bateau marchait bien.

Mais à Paris, Saint-Malo et Saint-Pierre, peu de gens étaient aussi calmes et sereins. On m'accusait de rallumer la guerre. Les uns se sont mis à défendre les intérêts économiques de l'île. Les autres me rendaient responsable de compliquer à l'avenir les négociations avec le Canada.

Nous avons continué de faire route.

À la barre du *Joseph-Roty*, je jubilais. Ils pouvaient toujours m'envoyer leurs blâmes ou leurs suspensions. Je savais que ce refus de licence de la part du gouvernement était un excès de pouvoir. Mais en attendant la décision du tribunal, j'avais bien l'intention de pêcher.

Dès que nous sommes entrés dans la zone, l'armée nous a envoyé l'aviso *Amyot-d'Inville*. Les télex pleuvaient dans tous les sens.

Un fou de Bassan planait dans le ciel rayonnant. J'étais à la barre et les télex pouvaient bien tomber.

À l'approche le bateau de guerre a fait ses sommations d'usage. J'ai continué de faire route.

L'aviso se faisait de plus en plus menaçant. Il s'est mis en travers pour nous empêcher d'avancer. J'ai continué en lui conseillant de ne pas approcher trop près. Sa coque était moins solide que la nôtre.

L'armée française interdisait à un bateau français de pêcher dans des eaux françaises au profit d'un armement espagnol. J'étais au comble de la fureur.

L'aviso s'est poussé. Mais les menaces par télex sont tombées. On nous bloquait toutes nos autorisations de développement sur le surimi, la pêche fraîche et la crevette.

C'est à terre qu'il me fallait maintenant me battre.

98

En haut lieu, on s'inquiétait.

Novembre 1990, Paris.

Manifestement on voulait nous étrangler. Nous ne demandions pas grand-chose, seulement quelques milliers de kilos de morue, le temps d'asseoir les filiales. Nous avions prouvé notre volonté de nous diversifier. Il nous fallait encore un peu de temps. C'est de vive voix avec le ministère de la Pêche que cette fois je voulais en discuter. Mais avant de m'y rendre, je devais passer prendre des documents à l'Union des Armateurs à la Pêche de France. En arrivant, le téléphone de mon bureau sonne. Ma secrétaire me demande de rappeler immédiatement l'un de mes principaux actionnaires.

Il avait reçu un appel du ministère des Pêches : « Je me dois de vous informer que le président Leborgne est en train de faire de grosses bêtises et qu'il faut s'attendre à ce que Comapêche rencontre de très grosses difficultés. »

Cet actionnaire était un ancien haut fonctionnaire, il fallait s'entraider.

En haut lieu on s'inquiétait. On s'attaquait maintenant à ma base. Je suis parti furieux, place de Fontenoy. Je n'avais pas de rendez-vous, mais je connaissais les heures d'arrivée de ces messieurs. À huit heures du matin, j'étais devant la porte.

« Monsieur, on va voir si vous avez des couilles au cul. Si c'est le cas, vous allez prendre votre décision dans la matinée afin que cette affaire soit réglée au plus tôt, dans l'intérêt de tout le monde. »

On est restés plus d'une heure ensemble.

Je savais comme tous que la France était en train de négocier avec le Canada la vente d'Airbus et de TGV. La presse ne parlait que de ça. Il était clair que le gouvernement souhaitait entretenir de bonnes relations avec les Canadiens. L'année précédente, c'était l'affaire de la construction d'une flotte de sous-marins nucléaires pour le Canada. L'Angleterre et la France étaient en compétition. Il s'agissait d'un contrat de plusieurs dizaines de milliards. Finalement pour cause de restrictions budgétaires, personne ne l'a eu. Puis il y eut les grands cimentiers français qui voulaient s'implanter au Canada, ainsi que les sociétés pétrolières. Face à ces immenses marchés, les quelques emplois malouins ne pesaient pas beaucoup dans la balance.

Mais nous avions prouvé notre volonté de nous en sortir et avions besoin de ces quelques tonnes de morue pour réussir notre diversification. Une goutte d'eau par rapport aux dix-neuf mille tonnes accordées à Saint-Pierre et en plus pêchées par un armement espagnol.

Le problème, c'est que je savais également que l'Union européenne défendait les pêcheurs espagnols sous prétexte que ce pays n'avait pas de ressources industrielles. Cela permettait surtout d'ouvrir de fructueuses collaborations avec l'Espagne dans le domaine des télécommunications et des transports ferroviaires.

L'année précédente, dans le même bureau, on m'avait conseillé de taper haut et fort. Là, je dérangeais. Il serait plus simple pour eux de nous voir disparaître. La question de la délimitation des eaux de Saint-Pierre et des quotas serait d'autant plus simple à régler. Je suis sorti sans beaucoup d'illusions. Seul le jugement du tribunal administratif pourrait remettre les choses dans l'ordre.

99

Tout ce qu'on avait fait était bien en accord avec nos droits.

Avril 1991.

Nous jubilions. Le tribunal administratif de Rennes nous avait donné raison.

La décision était remarquable. Nous étions amenés à demander réparation pour le refus de licence de mai 1990. Les Saint-Pierrais avaient bien été avantagés avec l'octroi de neuf licences. D'autre part, les quotas avaient été détournés au profit des Espagnols, lorsque ceux-ci avaient racheté la SNPL en 1990. De plus, l'instauration d'un quota était soumis à la compétence du tribunal, de l'Ifremer ou de son conseil d'administration. Dans cette affaire, seul le directeur, non habilité, avait tranché.

Cette interprétation a été confirmée en appel par le Conseil d'État. Nous avons donc ensuite entamé des recours de plein contentieux afin de nous faire indemniser des pertes subies durant ces trois années en raison de cet abus de pouvoir. Tout ce que nous avions fait était bien en accord avec le respect de nos droits.

Cependant en ce début de printemps, et malgré cette décision du tribunal, nous attendions toujours nos licences de pêche pour quatre de nos bateaux dans le secteur de Saint-Pierre-et-Miquelon. La décision du tribunal ne leur avait pas fait changer de position. Ils essayaient encore de gagner du temps.

100

J'entendais murmurer que le président était là.

Avril 1991.

Dès la porte de l'entrée, surgissaient les bonheurs de l'enfance. Nous avions réservé chez la « Vieille », le restaurant des Halles de Paris tenu par Adrienne, resté célèbre pour sa cuisine excellente. Nous devions retrouver nos nouveaux actionnaires japonais avec qui nous nous étions associés pour monter la nouvelle usine Comaboko.

Aujourd'hui, le rideau de fer est baissé. Mais, à l'époque, ce bistrot des Halles avait gardé le charme des vraies brasseries parisiennes. Devenue une star où se pressait le Tout-Paris, la « Vieille » comme on l'appelait affectueusement aurait pu dévoiler bien des secrets politiques. Mais sa passion portait d'abord sur les navarins d'agneau, les pots au feu, savamment cuisinés. Et, dans ce restaurant minuscule, seuls les amis avaient la chance d'y trouver une place.

Je connaissais les Japonais depuis longtemps déjà. J'avais commencé à leur vendre des encornets qu'on pêchait à Terre-Neuve, puis des crevettes. On passait alors par un intermédiaire français qui se prenait une grande marge, si bien qu'il ne nous restait presque rien. L'année d'après, j'avais cherché à être en direct avec eux.

Étant donné les difficultés que nous rencontrions pour la commercialisation du surimi base, nous avions décidé de maîtriser l'ensemble de la filière. Et de créer notre propre industrie de fabrication de surimi en bâtonnets. C'était un sacré pari de s'associer avec les Japonais. Ils avaient fait le tour de l'Europe avant de nous trouver. Le groupe Even était également actionnaire, ainsi que l'Institut de Développement des Industries Alimentaires. Comaboko était la contraction de Comapêche et de Kamaboko, le nom japonais du surimi. L'usine allait être inaugurée dans quelques jours à Saint-Malo.

Pendant le déjeuner, j'entendais murmurer que le président était là. Mais, tout à nos discussions, je n'y prêtais pas attention. Des présidents, il y en avait partout maintenant autour de moi. Lorsque soudain, les conversations autour de moi se sont arrêtées. Accompagné de ses gardes du corps, François Mitterrand s'approchait du bar pour payer.

Je me suis levé et me suis présenté : « Leborgne, le dernier survivant de la Grande Pêche française. »

Il connaissait mon affaire. On a discuté face à face, debout près de l'entrée. Il m'écoutait attentivement. Puis m'a serré la main.

Mais le soir en rentrant à mon hôtel, j'avais comme un pressentiment étrange. Quelque chose ne collait pas. Je tournais et tournais dans mon lit sans trouver le sommeil.

101

Le bateau qui se couche et s'enfonce dans la mer noire.

5 avril 1991.

À la première heure du matin, on m'a appelé.

Le *Capitaine-Pleven* était sur les cailloux dans la baie de Galway, Ouest-Irlande.

Ils étaient en train d'évacuer les hommes.

Je perdais pied. Le bateau dans l'eau noire. Les hommes, la peur.

La voix a repris, me répétait les faits.

Le naufrage s'était déroulé dans la nuit à 2 h 30 du matin. La tempête faisait rage quand il s'était échoué sur un haut-fond de la baie de Galway. Je voyais les lames, la nuit, le grand chalutier qui gémit.

À l'autre bout du fil, la voix tremblait. Elle continuait, essayait d'être rassurante.

À 4 h 30, les secours étaient arrivés. Évacuation des hommes par hélicoptère, mise en route des pompes, envoi d'un remorqueur. Tout se déroulait sans la moindre panique. Les moteurs du bateau continuaient à tourner.

Mais le navire se couchait peu à peu.

Ils n'étaient plus que quatre ou cinq à bord. Les hommes étaient sauvés.

Je n'ai jamais vécu de naufrage. Mais j'entendais le bruit sourd du navire qui talonne la roche. Les vagues et le vent en furie. Le bateau qui se couche et s'enfonce lentement. À 11 heures du matin, le *Capitaine-Pleven* avait pris trente degrés de gîte.

Le capitaine n'avait rien pu faire... Le capitaine était l'un de mes fils.

La tempête faisait rage. Les vents étaient trop violents. Ce n'était pas de sa faute...

Je n'entendais plus rien, n'avais rien à répondre. La gorge sèche, je roulais vers Saint-Malo.

Le capitaine, c'était mon fils aîné. C'est à lui que j'avais confié le bateau.

Mon fils avait voulu débarquer un blessé. Mais la baie de Galway est très mal protégée. Il faisait nuit, avec des vents d'ouest de plus de cent kilomètres à l'heure.

Le capitaine a décidé de faire escale. Il a pris une terrible décision.

Dans ces métiers, la vie d'un homme compte plus que n'importe quoi. Mais, quand on ne connaît pas une côte, il est très difficile de faire escale en pleine nuit et en pleine tempête. Même l'hélicoptère qui devait intervenir ne voulait pas sortir à cause du temps.

Le téléphone de la voiture a repris.

Les remorqueurs essayaient de déhaler le bateau, le fleuron de notre flotte. Mais la salle des machines était sous l'eau.

Je ne pouvais pas en entendre davantage.

En arrivant j'ai interrogé tout le monde. Je suis allé dans cette baie de Galway pour comprendre. J'ai vu ses cailloux, les vents, les courants. Je voulais savoir.

Tout le monde s'est ligué contre moi : ce n'était pas de sa faute.

Au moment où ils ont voulu virer de bord, ils ont eu une dérive terrible à cause des vents violents qu'ils ont sous-estimés.

Ce n'était pas de sa faute... Mais c'était lui le capitaine.

Le bateau a été remorqué à Cork, mis en cale sèche. Mais aucun espoir de le revoir naviguer. Seul le matériel à bord était encore récupérable. On a abandonné le *Capitaine-Pleven* aux assureurs. C'était une campagne de survie pour la Comapêche. Le bateau était parti début mars à la recherche de nouvelles espèces, de nouvelles activités. Il devait commencer sa campagne de pêche au large de l'Irlande. Puis remonter plus au nord.

J'étais capitaine et je savais le prix de la vie d'un homme. Mais on ne met pas en danger la vie de soixante personnes pour en sauver une. Tout l'équipage avait été sauvé et c'était le principal. Mais quand un capitaine prend une décision, quelle que soit sa motivation profonde, il doit en assumer la responsabilité. C'est une règle du métier.

C'était une décision terrible à prendre. Mais il fallait le faire.

Tout le monde s'en est mêlé, mais je devais agir seul en tant que capitaine d'abord, mais également en tant qu'armateur. J'avais des comptes à rendre aux actionnaires.

J'étais père. On oubliait que j'étais aussi capitaine et armateur.

J'ai licencié le capitaine. J'ai licencié mon fils pour faute.

Il a été pris comme officier de port, puis inspecteur des pêches à la communauté. Il est ensuite redevenu officier de port.

Mais, dans les cris du vent et du bateau qui s'enfonce, la silhouette de mon fils, resté silencieux. Rien n'a jamais pu depuis le faire revenir vers moi. Le temps a passé.

Et après la colère, les larmes. Intarissables.

102

Il fallait encore vouloir, trouver la force.

J'ai passé plus de temps dans ma vie à observer la mer qu'à voir mes enfants. Quand on fait ce métier de marin, les choses ne sont pas toujours très simples. On ne les voit pas grandir.

Les uns après les autres, ils sont ensuite tous venus travailler avec moi. Mon fils aîné était capitaine. Michel était second, Alain chef d'usine, mon jeune frère capitaine. Ma fille Martine est entrée à l'usine crevette-distribution. Nous avons appris à nous connaître, mais il faudra encore du temps pour que nous nous comprenions.

En famille, tout était devenu très compliqué. Je savais que la vie réserve ses surprises, mais j'étais loin d'imaginer qu'un jour à mon tour, comme ma mère, je devrais quitter la maison familiale. Quelques années auparavant, j'étais parti avec une petite valise, je ne suis jamais revenu. Personne ne peut comprendre ces affaires-là.

Quelque temps plus tard, j'ai rencontré Jocelyne, qui allait devenir ma seconde épouse. Elle venait d'une famille de marins. Son père avait été chauffeur-mécanicien sur les bateaux à vapeur de la Marine marchande puis matelot sur un remorqueur à Saint-Malo. Il venait de l'île Tudy, dans le Finistère. Enfant, il faisait également l'école buissonnière. Il partait sur une plate avec son père pour pêcher la sardine. Et, lui aussi, s'était fait attraper par sa mère, trahi par ses chaussures devenues blanches à cause du sel de l'eau de mer.

Quand j'ai connu Jocelyne, elle travaillait pour élever seule son fils Mathieu de huit ans. Un problème à la naissance l'a rendu incapable de toute autonomie et il restera toujours un enfant. Il n'est pas toujours facile de vivre avec lui. Mais à ses côtés, on apprend la tolérance et chaque jour, on est obligé de se remettre en question. Finalement, il nous transmet plus de choses que nous ne pourrons jamais le faire pour lui. Nous sommes devenus très proches, il est loin du monde des terriens.

En ce printemps 1991, Fernand-Valéry, mon dernier fils de mon deuxième mariage, venait de naître. Il s'éveillait à la vie.

Lui aussi devait connaître cette histoire. Il fallait encore vouloir, trouver la force.

103

Une mort lente, programmée.

Septembre 1991, Saint-Malo.

Mais j'étais inquiet. Il n'était pas certain que Fernand-Valéry voit un jour un chalutier de Grande Pêche naviguer.

Depuis quelques mois, j'avais de plus en plus de mal à tenir les actionnaires. Ils voulaient tout arrêter. La société était au bord de la crise, une mort lente, programmée, alors qu'il n'y avait pas de faute de gestion.

Pendant quatre semaines s'était tenu le tribunal d'arbitrage de New York chargé de délimiter les frontières maritimes de Saint-Pierre-et-Miquelon. La sentence devait être rendue au début de l'année 1992. Mais on commençait à avoir une idée de ce qui nous attendait.

Le Canada proposait une enclave de douze milles autour de Saint-Pierre. La France, elle, s'appuyait sur la limite des deux cents milles, suivant le principe des zones économiques maritimes. Elle y gagnait une partie du 3PS, unique endroit où l'on trouve de la morue. Mais lors des plaidoiries, le débat s'est déplacé sur la question de la légitimité de la souveraineté de la France sur les îlots de Saint-Pierre. La politique du gouvernement sur ce département a été ouvertement remise en cause.

Pendant que tout le monde discutait, trois navires de l'armateur espagnol de Saint-Pierre étaient dans le port de Saint-Malo pour leurs travaux annuels. Trois chalutiers, les bateaux rouges, comme on disait ici, nous narguaient.

Ils n'en sortiraient pas avant que l'on ait obtenu nous aussi des quotas sur Saint-Pierre.

Le *Victor-Pleven* a été mis devant le pont du bassin Duguay-Trouin et pour être sûrs de ne pas être doublés, nous avons également démonté une pièce de la machinerie des écluses. On avait remarqué qu'il y avait un passage qui allait à la cabine de commandes. Un petit escalier de pierre qui passait dessous. Toute la machinerie était là. Mes mécaniciens ont alors vu qu'en enlevant une pièce on bloquait toute manœuvre. Ils l'ont mise en lieu sûr. On l'aurait bien mise à l'eau. Mais ce ne sont pas des choses qui se font.

Nous avons également placé une remorque sur le pont. Ils pouvaient toujours s'accrocher pour l'ouvrir. De toute façon, nous ne gênions que les gros bateaux. Les petits, eux, pouvaient toujours passer. Le port était en état de siège. La moitié des hommes était sur le bateau, l'autre sur les quais. Comme la première fois, nous avons également occupé les Affaires maritimes. Certains se rappelaient de notre précédent passage.

Mais, pendant trois jours, rien n'a bougé. Les hommes étaient à bout. Certains Malouins travaillaient chez les Espagnols. Ils ne comprenaient pas.

Au quatrième jour de grève, le juge des référés nous a condamnés à rétablir sans délai la libre circulation dans le port, sous astreinte de 150 000 francs par jour de retard à compter de la signification.

En réponse, quatre heures plus tard le maire et ses adjoints ceints de leurs écharpes tricolores sont venus nous rejoindre sur le bateau en signe de soutien.

Cinq cents personnes manifestaient dans les rues de l'intra-muros. Nous étions une société viable. Nous avions prouvé notre détermination à nous diversifier. Il nous fallait juste quelques tonnes de morues pour pouvoir continuer à travailler.

Au dixième jour de grève, nous étions condamnés à une astreinte de 350 000 francs par jour de blocage du port. La situation devenait intenable, aucune solution n'était avancée.

Les Saint-Pierrais avaient essayé de soudoyer mes marins. Ils leur avaient donné rendez-vous dans un bar à l'autre bout de la ville pour discuter. Les hommes m'ont demandé s'il fallait qu'ils y aillent pour leur casser la figure.

Finalement, la seule chose qui était sûre, c'était le montant de l'astreinte qui augmentait jour après jour.

À cette époque, j'ai reçu de nombreuses lettres anonymes. On s'attaquait autant à ma vie privée que professionnelle. Les politiques avaient réussi à brouiller les cartes. La morue manquait et il fallait trouver un coupable. C'était moi.

Personne ne voyait que nous allions perdre nos bateaux, nos marins et nos territoires maritimes. Si nous laissions faire, morue ou pas, aucun pêcheur français ne retournerait dans les eaux de Saint-Pierre, les eaux françaises de l'Atlantique-Nord.

Au terme de deux semaines de blocus, le *Victor-Pleven* a quand même dégagé le port. Les chalutiers d'Interpêche étaient libérés. On venait enfin de nous annoncer une table ronde pour la fin du mois de septembre. Le gouvernement reconnaissait son erreur. Il nous versait une indemnisation pour l'arrêt de nos navires, mais nous fermait les portes du 3PS.

Dans quelques mois, le tribunal de New York allait siéger. Mais nous nous attendions au pire.

104

Si la ressource diminuait, manifestement, ce n'était pas le cas pour tout le monde.

1992, New York.

Le tribunal de New York avait rendu sa décision. La pêche à Terre-Neuve était terminée.

Il fallait oublier la morue.

C'était la mort d'une pêche vieille de cinq siècles. La mort des ports, la fin des marins. Il aurait fallu hurler, mais je ne pouvais plus.

Au lieu de défendre ses droits et de revendiquer la limite de ses eaux territoriales, la France avait laissé partir un de ses territoires maritimes.

Notre zone se délimitait à douze milles à l'est de Saint-Pierre, vingt-cinq à l'ouest et un corridor de deux cents milles de long, mais sur dix de large orienté nord-sud, où la morue ne trouve qu'un courant froid. Et où il n'y a rien à pêcher. Quant aux quotas, on avait droit en tout et pour tout à sept mille deux cents tonnes de cabillaud, la quantité que pêchaient les bateaux de pêche fraîche de Saint-Pierre avant 1984, une misère.

Même les Saint-Pierrais s'étaient fait mettre dehors. Quant aux réserves de gaz et de pétrole, c'étaient les Canadiens qui les exploitaient.

En 1992, les Français ont fini par vendre cinq Airbus A310 aux Canadiens. On n'avait pas perdu Terre-Neuve pour rien. Mais le plus grave, c'est qu'il n'y avait plus rien à pêcher. La ressource était épuisée. Terre-Neuve et les eaux canadiennes étaient perdues pour tous.

Certains ont pleuré. D'autres ont brûlé leur navire. Leur vie était brisée.

Quand les premiers signes de diminution de la ressource sont apparus, les Canadiens auraient dû fermer la pêche. Mais les intérêts en jeu étaient alors autres. Du coup, ils n'ont jamais été très clairs sur l'état de la ressource. Quand à la suite du rapport Kirby de 1982, ils ont relancé la pêche hauturière à coups d'aides gouvernementales et de prêts à faible taux d'intérêt, seules quelques grandes entreprises en ont profité. Deux nouvelles pêcheries géantes sont apparues : l'une établie à Terre-Neuve et l'autre en Nouvelle-Écosse. En 1988, le ministre des Pêches a décrété que, pour cause de surpêche, il n'y aurait pas de négociations de quotas pour l'année. En 1989, 1990 et 1991, on nous a dit la même chose. Et pourtant, eux continuaient à remplir leurs cales, et ce jusqu'en 1992.

Si la ressource diminuait, manifestement ce n'était pas le cas pour tout le monde.

En 1994, le Canada ferma toutes les zones de pêche à la morue. Ce moratoire fut renouvelé en 2003. Aujourd'hui, seule une pêche dite de « subsistance » est autorisée.

Les Canadiens prolongent les moratoires, mais autorisent dans leurs eaux la pêche à la crevette, la nourriture préférée des morues. Ce sont les Danois sous couvert du pavillon canadien qui exploitent les bancs de façon inconsidérée. Vous pouvez travailler avec les Américains ou les Canadiens, à condition de mettre les bateaux français sous pavillon canadien ou américain, c'est-à-dire s'associer avec eux. En définitive, vous vendez vos bateaux. Tous les pays l'ont fait. Il y a des associations un peu bizarres. « Je te prête de l'argent, et tu achètes mes bateaux. » En fait, le capitaine est danois, ainsi que l'armateur, mais le pavillon et le quota sont attribués aux Canadiens.

Les Canadiens ont également interdit la chasse aux phoques. Le principal prédateur des morues. Les phoques en consomment près de vingt mille tonnes par an et ils ne mangent parfois que quelques viscères. On voyait bien quand ils étaient dans les parages. Les morues qui se trouvaient dans le chalut étaient toujours éventrées après leur passage.

Et, pourtant, la Norvège et l'Islande ont réussi à sauver cette pêche. Dans les années quatre-vingt, lorsque l'Islande a récupéré ses eaux territoriales et qu'elle s'est inquiétée de la baisse de la population de morues, elle a immédiatement réduit les prises. En 1989, lorsque le gouvernement norvégien a vu ses stocks diminuer, il eut le courage de fermer la pêche. À ce moment-là, le stock de morues était toujours viable. Maintenant il y a l'obligation d'avoir une balise sur chaque navire afin d'être contrôlé par la terre. Ainsi, ils connaissent exactement votre position. On vous dit pour cette zone, taille minimum, quarante-deux centimètres. Interdiction d'avoir plus de 15 % de poisson en dessous de cette taille. Certains s'amusent à mettre les balises en panne, mais ils sont vite repérés. La population se reconstitua dès 1992 et aujourd'hui, c'est bien le seul endroit où on peut encore la pêcher.

Cette histoire n'a servi de leçon à personne. D'autres espèces sont aujourd'hui en danger. Le thon est en train de connaître le même sort. Mais derrière se trouvent d'énormes marchés financiers qui profitent à quelques-uns. Les gouvernements ferment les yeux. Dans quelques années, on accusera les pêcheurs d'avoir épuisé la ressource.

105

Une rue qui porte le nom de Victor Pleven, du nom de l'armateur. Là serait le réel hommage.

Mai 1993.

Les années qui ont suivi ont été très difficiles. Nous étions brisés. Il fallait tout à la fois subir la perte des quotas de pêche traditionnelle et assurer de nouvelles filiales à la rentabilité très aléatoire. Mais nous devions tenir.

Nous attendions les indemnisations de l'État pour nous renflouer. C'était la reconnaissance de notre manque à gagner qu'entraînait pour l'armement le refus d'attribution des licences de pêche.

Mais en attendant les comptes étaient là. Entre 1986 et 1992, le chiffre d'affaires était passé de 165 millions de francs, à 53 millions. La descente aux abîmes.

D'autre part, la disparition définitive des quotas de Terre-Neuve ne nous permettait pas de maintenir trois chalutiers en activité. Seul le *Grande-Hermine* pouvait continuer cette activité. Quant au *Joseph-Roty,* il s'occupait du surimi sur lequel avait été transféré le matériel de production du *Capitaine-Pleven*.

Dans le bureau, l'*Immaculée-Conception*, le premier voilier de Pleven, continuait de déployer ses vergues et ses hauts gréements. Il ne fallait pas lâcher. Mais, si nous voulions continuer la Grande Pêche, un bateau devait être sacrifié.

La sentence est tombée. Le *Victor-Pleven* devait être vendu.

Et pourtant des bancs de Terre-Neuve au blocus du port de 1991, il était pour nous le symbole de notre lutte. Le *Victor-Pleven* est finalement parti à Lorient, comme musée et vestige de la Grande Pêche française.

Aujourd'hui, certains parlent de le faire revenir à Saint-Malo. Ça a été refusé une fois, il ne faut pas revenir là-dessus. À quoi bon garder les vieilles dépouilles ? On ne vit pas sur le passé.

En revanche, je ne comprends pas pourquoi il n'y a pas à Saint-Malo une rue qui porte le nom de l'armateur Victor Pleven. Là serait le véritable hommage.

106

À terre, les requins, ce sont les hommes.

1994, Saint-Malo.

Je passais lentement en voiture sur les quais. Le port était silencieux. Tout semblait immobile. Le jour allait bientôt se lever. Je rentrais de vacances et ne trouvais plus le sommeil. Après le *Victor-Pleven*, il fallait également désarmer les chalutiers de pêche fraîche. L'armement Nord-Bretagne devait également disparaître. Nous avions perdu assez d'argent comme ça.

En 1992, lorsque nous avons mis en place ce système de caissette, c'était quasiment une première en Bretagne.

Mais nous ne savions pas faire. La pêche fraîche se gère différemment d'un armement à la Grande Pêche.

Longtemps auparavant, j'avais évoqué avec Legrand la possibilité d'exploiter des thoniers. Il m'avait immédiatement répondu : « C'est vous qui allez vous en occuper ? »

Il y a des métiers qui ne s'improvisent pas. Nous n'avions pas les compétences techniques suffisantes. Il faut être toujours sur place, rencontrer les mareyeurs, les distributeurs, assister aux déchargements. Ne pas se satisfaire de quelques fax pour savoir ce qu'il y a à bord. On ne peut pas, sous prétexte de faire de la qualité, payer 30 % plus cher ses marins. On n'a jamais réussi à récupérer ce prix à la vente du poisson. Comapêche Distribution achetait le poisson à l'armement Bretagne-Nord plus cher que si elle était allée en criée. On s'était mis à élaborer des produits, mais plus on tendait vers la qualité et moins on vendait cher le poisson.

À cette époque, la pêche fraîche était un peu sur le déclin. Dans ce contexte de baisse des cours, nous n'arrivions pas à obtenir les prix voulus. Nous avons donc décidé de nous occuper nous-mêmes de la vente en mettant en place un atelier de mareyage, Comapêche Distribution, qui se tournerait vers la grande distribution. Cet atelier commercialisait également les crevettes de Guyane et de Comaboko. Mais le poisson frais ne se vend pas comme le surgelé. Les commerciaux ont alors eu la franchise de m'avouer qu'ils étaient plutôt contents de cette décision. Nous avions tort d'avoir raison trop tôt.

Avoir voulu contourner le marché classique de la criée était une erreur, un pari trop difficile. Le monde de la grande distribution est un drôle de milieu, dans lequel le client est tout-puissant. Il vous le fait vite comprendre. Nous avons ainsi découvert les marges arrière. La marge arrière est un principe simple. Vous vendez votre produit à un prix donné, celui sur lequel va être ensuite calculé le prix au consommateur. Puis la grande surface vous demande de lui reverser de l'argent. Il n'y a qu'un gagnant dans cette affaire. Ce n'est ni le producteur, ni le consommateur qui eux ne voient jamais cette ristourne se faire sur le prix final. Ces gens-là savent très bien vous tenir. Si vous râlez, il y a d'autres fournisseurs. Et ils sont quand même responsables d'un grand nombre de faillites. Ils deviennent les clients principaux, puis un jour, ils se retirent. Mais ils ont la réponse à vos problèmes. Ils proposent de racheter la société, en gardant pour faire tourner la boîte le directeur général.

À terre, les requins ce sont les hommes.

107

Au nord du 62e parallèle. Là on trouvait encore l'or blanc.

1994, Madrid.

Il pleuvait une petite bruine lorsque je suis sorti de l'hôtel. L'heure était déjà avancée dans la soirée. Mais, en remontant la rue vers la Puerta del Sol, sous les arcades hommes et femmes déambulaient. Madrid est une ville qui ne dort pas.

Nous étions venus pour rencontrer l'armateur espagnol. Maintenant que les eaux de Saint-Pierre étaient fermées, il cherchait à se rapprocher de nous.

J'avais accepté ce rendez-vous, mais je ne me faisais pas beaucoup d'illusions. Cet armement puissant d'une centaine de bateaux avait surtout besoin de nouvelles zones de pêche.

Nous nous sommes rencontrés dans un grand hôtel avec le président et un de ses fondés de pouvoir qui s'occupait des dossiers français. Le petit salon où nous discutions était à peine éclairé. La faible lumière jaune d'une lampe posée sur la table découpait nos silhouettes, le reste était le territoire de l'ombre. Des faciès en lame de couteau. Les deux hommes en costume noir parlaient à voix basse. Je regardais leurs mains, fines et blanches. Au poignet, une gourmette. À leurs doigts, un saphir monté en chevalière. Ces mains-là n'avaient jamais travaillé sur le pont d'un navire. Nous sommes restés ensemble une heure environ. En sortant, j'étais heureux de retrouver la foule animée de la rue.

Ils étaient puissants et n'avaient pas besoin d'argent. De toute façon nous n'en avions plus. Ils voulaient s'associer avec nous pour pêcher les quotas de la mer de Norvège.

La Grande Pêche à Terre-Neuve était terminée, mais elle pouvait continuer en mer de Norvège, au nord du 60e parallèle. Là, se trouvait encore l'or blanc. Seules restaient accessibles les zones dites « Norvège Spitzberg ».

L'accès à ces zones pour des navires issus de l'Europe communautaire résultait d'un accord de réciprocité négocié annuellement entre l'Union européenne et la Norvège depuis le milieu des années soixante-dix.

Dans les années quatre-vingt, la Grande Pêche française était représentée dans cette zone par deux armements, le Bordelais SNPL et nous. Nous avions ensemble 100 % des quotas dans la zone, jusqu'en 1986, puis 90 % en 1987 et 1988 en vertu d'un accord amiable passé au sein de l'Union des Armateurs à la Pêche de France, dont j'étais président à l'époque.

Mais, depuis la disparition de l'armement bordelais, tout le monde voulait ces quotas.

Lorsque la SNPL a été dissoute. Les armements du From-Nord regroupant les armements de pêche fraîche de Boulogne, Dieppe et Fécamp se sont alors déclarés intéressés par l'obtention de quotas supérieurs de cabillaud, au nord du 62e parallèle.

Une longue procédure juridique a eu lieu. Nous avions une antériorité de pêche dans la zone et eux non. L'attribution des quotas est toujours liée à cette notion. Le From-Nord en voulait toujours plus. De recours en appel devant le Conseil d'État, ils ont fini par disparaître avant d'avoir gain de cause.

Cette fois, c'était l'armateur espagnol qui s'y intéressait. Plus malin que les autres, il nous proposait une association. Mais à la pêche, les associations sont toujours dangereuses surtout avec les armements étrangers. Si nous le pêchions avec eux, nous le perdions. Et ils le savaient. Il est interdit de vendre un quota à un autre armateur. On vous l'attribue pour des raisons d'antériorité. Si vous le laissez ou le vendez à un autre armateur, c'est comme si vous ne pouviez pas y aller. On vous le supprime. La communauté l'apprend au bout d'un moment, évidemment par ceux qui vous ont proposé ce marché. Et c'est eux qui le récupèrent, puisque c'est eux qui le pêchent. On aurait fait ça, nos droits sautaient et ils les récupéraient pour rien. C'était astucieux de leur part.

108

Même si c'était un peu plus au large, l'aventure de la Grande Pêche continuait.

1995, Saint-Malo.

Trois années se sont écoulées depuis l'arrêt du tribunal de New York. Trois longues années. Mais la vie a repris. Notre acharnement à nous battre portait enfin ses fruits.

À la fin des années quatre-vingt, la Comapêche était une entreprise employant environ deux cents personnes, dont cent quatre-vingts navigants sur quatre chalutiers congélateurs. En 1995, nous étions cinq cents salariés dans la société. Les emplois de marins avaient été remplacés par des emplois à terre. Et nous commencions à verser des dividendes aux actionnaires.

L'armement, le dernier à la Grande Pêche française, était sauvé.

Nous avions eu raison de construire le *Grande-Hermine* en 1985 et de nous battre pour conserver la zone Norvège-Spitzberg. Le *Grande-Hermine* y faisait de très belles captures. Le *Joseph-Roty* marchait bien également. Congelé à bord, le surimi base était déchargé à Saint-Malo et alimentait principalement l'usine Comaboko. Le surplus était vendu pour moitié aux autres producteurs français de surimi et pour une autre moitié aux producteurs étrangers.

Avec cette usine, nous étions les seuls en Europe à contrôler l'ensemble de la filière surimi. Le bilan de l'année dépassait nos espérances. Elle employait quatre-vingt-dix personnes et nous avions racheté une partie des actions des Japonais.

Côté Guyane, l'entreprise se portait également très bien. Dès 1995, la filière crevette s'est stabilisée. Elle est devenue bénéficiaire. Notre réussite est due au fait que l'on a eu rapidement dix bateaux, puis quinze, puis vingt-quatre. Une partie de notre flotte était en copropriété avec des investisseurs privés dans le cadre de la défiscalisation. Heureusement, les bateaux ont bien travaillé, mais c'était un coup de poker.

Nous avions également rencontré des Danois avec qui nous allions nous associer. Ils étaient en train de terminer la construction d'un bateau magnifique. Rouge, conçu comme un brise-glace, entièrement automatique. Il pouvait être manœuvré par seulement vingt-deux ou vingt-trois personnes, avec une puissance de sept mille cinq cents chevaux pour soixante mètres de long. Il pouvait pêcher dans l'est du Groenland. Là où la crevette est la plus belle. Mais où, plus de six mois de l'année, se trouve la banquise. Une glace bleue, presque transparente.

Cette opération s'est montée un peu par hasard. Mais là encore, il avait fallu être prudent. Nous avions des quotas de crevette au Groenland et comme pour l'affaire avec les Espagnols, il ne s'agissait pas de se les faire piquer.

Grâce aux mille tonnes de crevettes que nous avions dans notre corbeille de mariage, nous leur avions demandé une première prise de participation de 10 % dans le navire, puis nous sommes passés à 30 %. Nous pouvions ainsi dire que le quota était pêché par un bateau danois, mais avec des capitaux français, pour un tiers au moins. D'autre part, nous avions mis en place un système de prorata sur les quantités pêchées. C'est-à-dire que si le bateau prenait mille tonnes de crevettes, cinq cents étaient attribuées à la France, et cinq cents au Danemark. Les gouvernements ont donné leur accord. L'affaire était excellente.

Le va-et-vient des camions, des livraisons et des déchargements a repris. Les voyages ont recommencé. En diversifiant nos gammes, il fallait se tourner vers l'étranger et vers l'export. Nous vendions alors à l'Espagne, à la Grande-Bretagne, au Portugal, à l'Allemagne. Les grands dîners c'était alors sur d'autres continents. Les Russes nous invitaient à Moscou, puis à New York, d'où l'argent venait. La vodka coulait à flots. Les Japonais nous faisaient découvrir les délices de leur art de vivre. Et, même si c'était un peu plus au large, l'aventure de l'or blanc continuait.

Alors que rue Mer à Fécamp deux médaillons veillaient, et que dans un tiroir dormait une autre photo qui gardait toujours son secret, à Saint-Malo se tenait sur le quai un petit garçon. Il regardait appareiller le dernier bateau à la Grande Pêche. Mieux qu'une image aux reflets ternis qui ne peut rien raconter, il connaissait maintenant les marins de l'or blanc. Il les avait rencontrés, leur avait parlé. Sur la route de l'éternelle morue, le *Grande-Hermine* partait au pays des aurores boréales. Il emportait avec lui une trentaine d'hommes. Des hommes de respect qui connaissent la valeur d'une parole.

109

Le temps s'est arrêté.

3 octobre 2000, Cayenne.

Ce jour-là, peu de personnes ont compris ce qui m'était arrivé.

Le soleil était de plomb, la chaleur suffocante s'infiltrait à l'intérieur du bâtiment colonial à la peinture écaillée. Devant moi se détachait sur un décor de bois noir la présidente du tribunal correctionnel. Elle venait d'entrer. Tout le monde s'était levé. Sans un regard vers moi, les faits étaient lus.

Le 12 août 1998, une brigade maritime de Cayenne était descendue au port de Matoury. Ils avaient trouvé trois clandestins sur les navires *Monique* et *Margaux*, appartenant à la société Unifipêche, dont j'étais administrateur-directeur général.

Me revenaient les interrogatoires successifs, les questions contradictoires dans le but de me surprendre, de me désarçonner. Avec un seul but à atteindre, trouver un criminel.

Je me souvenais aussi de mon pressentiment en arrivant la première fois en Guyane. Nos excellentes relations avec les fonctionnaires, qui peu à peu s'étaient dégradées. Les problèmes avec les financiers, puis avec les indépendantistes. Ensuite, c'étaient les Blancs qui nous jalousaient. Notre flottille de bateaux rouge et vert énervait. Et, à toutes les portes où nous frappions, c'était la même chose, on nous mettait des bâtons dans les roues.

Pendant l'enquête, ils ont beaucoup cherché. Ils ont essayé de prouver que nous faisions du profit sur ces marins en ne les déclarant pas, que c'est pour cette raison que nous avions si bien réussi.

Quelques jours plus tôt, mon avocate m'avait demandé de ne pas venir, qu'elle allait me représenter, que je n'étais au courant de rien, que tout ça, c'était le problème des capitaines, pas le mien.

C'est vrai que je les avais prévenus de ne pas marcher dans cette combine. Mais, en Guyane, certains marins parlent à peine français. Ils viennent du Brésil, du Surinam, du Guyana. On essayait de les intimider, en leur disant qu'ils iraient au tribunal. Mais comment voulez-vous faire comprendre à un capitaine qui a toujours travaillé comme ça et que tout le monde le fait, que c'est illégal ?

C'est vrai aussi que je n'étais pas là au moment des faits et que je ne pouvais pas surveiller de Saint-Malo les embarquements en Guyane.

Mais dire que je n'étais au courant de rien, ce n'était pas possible. Au titre de président du Syndicat des Armateurs à la Pêche Semi-Industrielle de Guyane, j'avais moi-même signalé au directeur départemental des Affaires maritimes, puis au procureur de la République, cette pratique du prêt du livret maritime.

Les Guyanais ne sont pas marins. Ils font un peu de petite pêche, mais ils nc sont pas prêts à partir un mois, voire quarante-cinq jours. Ceux qui ont leur carte de séjour et leur fascicule viennent se faire embaucher. Mais le gars a souvent un copain, un ami, un cousin, qui lui n'en a pas. Il va alors lui proposer d'embarquer sous son nom. Lorsqu'ils reviennent de campagne, le type officiellement embauché réapparaît. Il débarque la marchandise et vient se faire payer au bureau. La comptabilité lui établit sa fiche de paye au nom du fascicule qu'il a remis. Tout est payé, charges comprises. Mais quand il part de l'armement, l'autre gars, celui qui a fait le travail à sa place, l'attend au coin de la rue. Il lui donne l'argent, bien évidemment sans la fiche de paye, moyennant un tiers ou la moitié du salairc, ça, on n'a jamais réussi à savoir.

Face à ce problème de recrutement, j'avais moi-même demandé des cartes de séjour. J'avais porté les documents auprès du ministère, de la direction des Pêches. J'avais été trouver le préfet, le procureur de la République de Cayenne. On avait donné vingt noms et on n'a jamais eu l'ombre d'un papier.

J'ai donc décidé d'aller au tribunal en personne afin de défendre mes hommes.

Mais je suis tombé de haut.

Les unes après les autres, j'ai entendu les dépositions. Elles étaient toutes identiques. Les marins ne faisaient qu'exécuter les ordres de la direction.

Au bout d'un moment, j'ai interrompu la présidente : « Je vous prie de m'excuser, mais je vous écoute et les dix-sept ou dix-huit dépositions disent mot pour mot la même chose. Vous en avez annoncé vingt-quatre, je suppose que les six autres vont être les mêmes. »

Le dossier a claqué en se refermant. Elle s'est levée. La séance a été suspendue. Le délibéré a duré dix minutes. J'étais condamné à douze mois d'emprisonnement avec sursis et au paiement d'une amende de 150 000 francs. En appel, l'amende a été réduite à 50 000 francs et la condamnation ne serait pas inscrite sur mon casier judiciaire.

Ces témoins aux dépositions identiques sont presque tous venus me voir le lendemain. Ils m'ont demandé de les excuser.

Mais ce jour-là, le temps s'est arrêté. Dans la moiteur de la salle qui s'était vidée, un papillon, éphémère messager de l'espèce, voletait.

Tout était devenu silence. Le doute et une immense fatigue.

Je suis rentré à Saint-Malo et j'ai enlevé les décorations de mes costumes.

J'ai commencé par celle du Mérite maritime.

C'était Pleven qui me l'avait remise à trente ans, pour service rendu à la Marine marchande.

Ensuite, celle du Mérite national. On me l'avait donnée, je n'avais pas quarante ans.

Puis la médaille Grand Or du travail.

J'ai fini par la Légion d'honneur.

110

Ceux qui savent l'ont entendu.

2 juin 2001, Saint-Malo.

Mais, dans le petit matin, un bateau a corné trois coups.

L'appel a traversé les bassins, ricoché sur les remparts.

Le *Grande-Hermine* venait de passer le môle des Noires, bientôt l'île de Cézembre. Il faisait route.

Ceux qui savent l'ont entendu.

J'ai remis mes décorations sur mon costume. Et je suis parti sans me retourner.

Cet ouvrage a été achevé d'imprimer
sur Roto-Page
par l'Imprimerie Floch
à Mayenne, en mai 2007.
Dépôt légal : mai 2007.
Numéro d'éditeur : 49.
Numéro d'imprimeur : 68316.

ISBN : 978-2-84990-056-7 / Imprimé en France.